W0198063

Bettina Büx

# Die REGULUS-Botschaften

Bettina Büx

# Die
# REGULUS
# Botschaften

## Band II

EchnAton Verlag

Wichtiger Hinweis

Die im Buch veröffentlichten Empfehlungen wurden vom Verfasser und vom Verlag sorgfältig erarbeitet und geprüft. Eine Garantie kann dennoch nicht übernommen werden. Ebenso ist die Haftung des Verfassers bzw. des Verlages und seiner Beauftragten für Personen-, Sach- und Vermögensschäden ausgeschlossen.

Bei möglichen unterschiedlichen Schreibweisen wurde die von der Duden-Redaktion empfohlene Schreibvariante verwendet.

Erstauflage: © EchnAton Verlag Diana Schulz e.K.
Alle Rechte vorbehalten. Das Werk darf –
auch teilweise – nur mit Genehmigung des
Verlages wiedergegeben werden.

3. Auflage Februar 2021

Gesamtherstellung: Diana Schulz
Coverfoto: dreamstime©Vitaliy Smolygin
Autorenfoto: ©PM Studios, Pfingstmann & Mayer
Lektorat: Angelika Funk, Diana Schulz
Druck und Bindung: CPI books GmbH, Leck
ISBN: 978-3-937883-93-9

www.echnaton-verlag.de

Dieses Buch sei meinen Kindern Nadja, Sabrina, Thomas und Kevin gewidmet. Dank ihnen durfte und darf ich das Glück der Mutterliebe erfahren.

# Liebe ist ...

... Gott und Gott ist Liebe. Liebe ist gänzlich offenbar und dennoch gänzlich Geheimnis.

Liebe ist der Stoff, aus dem alles gemacht ist, was jemals nach ihr fragen kann und gleichwohl das größtmögliche aller Mysterien. Sie genügt sich selbst vollkommen und ist dennoch in ewiger Ausdehnung begriffen.

Liebe ist nicht teilbar. Sie gibt sich ganz und gar hinweg und bleibt indes ganz und gar bei sich selbst.

Liebe ist wahrhaft wunderbar, denn sie ist selbst das Wunder. Sie ist die unendliche Faszination des Göttlichen vor sich selbst. Sie ist der Kniefall des Schöpfers vor seinem eigenen Spiegelbild. Sie ist die ewige und einzige Antwort Gottes auf seine Frage nach sich selbst. Sie ist die Wahrnehmung von Vollkommenheit.

Liebe ist die heilige Selbstwahrnehmung Gottes.

Regulus

# Inhalt

# Vorwort

Liebe Leserin, lieber Leser, nach Band I *Des Menschen Wunsch und Gottes Wille* liegen nunmehr die zweiten Botschaften von Regulus vor. *Um Gottes willen und um deinetwegen* hat die menschliche Angstproblematik zum zentralen Thema gemacht und sich damit weiß Gott allerhand vorgenommen.

Die Auseinandersetzung mit der existenziellen Angstthematik lag mir ganz besonders am Herzen, daher sollten diese Mitteilungen den Anfang der Buchreihe machen. Wieso es dann völlig anders kam und erst *Des Menschen Wunsch und Gottes Wille*, das inhaltlich sehr viel breiter gefächert ist, geschrieben werden musste, wurde mir erst im fortgeschrittenen Verlauf der Durchgabe dieser zweiten Botschaften klar. Ihnen wird es nicht anders gehen.

Obwohl das vorhergehende Studium von *Des Menschen Wunsch und Gottes Wille* für das Verständnis dieser vorliegenden Durchsagen sicherlich von Vorteil ist, so ist es doch nicht zwingend notwendig. Dies war zumindest das anfängliche Bestreben dieses zweiten Bandes, was sich jedoch als eine etwas heikle Gratwanderung erweist, wenn man allzu viele und damit frustrierende Wiederholungen vermeiden möchte. Ihnen seien in jedem Falle mit diesen Botschaften neue Erkenntnisse und tiefe Einsichten geschenkt. Mögen diese Sie genau dorthin bringen, wohin Sie möchten. Mehr kann ich Ihnen nicht wünschen und so wünsche ich es Ihnen von ganzem Herzen. Ihre Bettina Büx

# Einleitung

»Wo ist denn hier der Ausgang?«

Angst ist menschliche Erfahrungsrealität. Wie diese Botschaften aufzeigen werden, ist Angst nicht etwa einer von vielen negativen Aspekten irdischer Lebenserfahrung, sondern der einzige. Alle Probleme, Leiden und Kümmernisse, die den Menschen auf seinem Lebensweg ereilen und ihm widerfahren können, sind ausnahmslos auf Angst zurückzuführen.

*Um Gottes willen und um deinetwegen* beleuchtet die Mechanismen der Angst und zeigt Mittel und Wege auf, ihrer scheinbaren Endlosspirale und damit der Leiderfahrung Einhalt zu gebieten und Grenzen zu setzen. Die Befreiung von der Qual der Angst und damit der Ausgang aus dem Gefängnis lebenslanger, leidvoller Selbstverletzung kann nur in der Erkenntnis der Allgegenwart des Göttlichen gefunden werden.

Wo, wenn nicht in der bedingungslosen Liebe Gottes, könnte des Menschen Rettung liegen, die sich immer und überall anbietet für jeden, der sie nur annehmen möchte? Hier und jetzt tut sie es in Form dieser Zeilen. Nehmen Sie sie an und bringen Sie sich selbst nach Hause, um Gottes willen und um deinetwegen.

Bettina Büx

# 1. Teil

## Die Definition von Angst

Die Identifizierung des Feindes

## 1. Analyse:

# Was ist Angst?

Die große Unbekannte – die unbekannte Größe

M ein lieber Freund, meine liebe Freundin, was ist
Angst? Wie Dir sicherlich klar sein dürfte, ist die
Frage sehr einfach zu beantworten und auch wieder nicht,
denn Du wirst Dich verständlicherweise nur sehr ungern und
widerstrebend einfühlen wollen, um die Emotion der Angst in
Dir zu erkunden und auf tiefer Ebene zu erforschen.

Angst ist Dir vertrauter, als Dir lieb ist, ist sie doch Euer
aller ständiger Wegbegleiter durch das Leben, ja mehr noch,
Angst ist sozusagen des Menschen Eintrittskarte für seinen
Besuch in der Materie. Dennoch wisst Ihr kaum etwas über
sie. In Band I *Des Menschen Wunsch und Gottes Wille* haben
wir viel über Angst gesprochen und erkannt. Nun wollen wir
uns also vorrangig, ja im Grunde ausschließlich, diesem
Grundproblem menschlichen Daseins widmen, denn Dir ist
bewusst, dass Angst nicht etwa eines von vielen Deiner
menschlichen Probleme ist, sondern das einzige. Wenn dem
nicht so wäre, hieltest Du diese Zeilen nicht in Händen.

*Angst ist nicht eines von vielen menschlichen*
*Problemen, sie ist das einzige.*

---

Entgegen der Rechtschreibreform wird auf die Großschreibung der direkten
Anrede zurückgegriffen. Dies ist ebenso der Fall bei allen Anreden, die sich unmittelbar auf Gott beziehen.

Nun, meine liebe Freundin, mein lieber Freund, es liegt uns fern, Dich mit ständigen Wiederholungen von bereits Erkanntem zu langweilen und zu überfordern, denn wenn es etwas in dieser Welt gibt, dem Grenzen gesetzt sind, dann ist es die menschliche Geduld *(Anm. der Verfasserin: Scherzhaft gesagt)*.

Dennoch werden wir gemeinsam nicht umhin kommen, in manchen Aspekten immer wieder auf gewisse Einsichten aus Band I *Des Menschen Wunsch und Gottes Wille* zurückzugreifen und auf bereits Verstandenes zu verweisen. Zum Ersten ist dies so, weil diese Zeilen für sich selbst stehen können und verständlich sein sollen, denn es sollte jedem Leser völlig freigestellt bleiben, was er überhaupt oder in welcher Reihenfolge lesen und erkunden möchte. Zum Zweiten wird Dir auch nach und trotz der Lektüre von *Des Menschen Wunsch und Gottes Wille* schnell bewusst werden, dass es sich um mehr als um bloße Wiederholung handelt, wenn ein bereits erforschter und bekannter Sachverhalt unter einem anderen, neuen oder erweiterten Aspekt oder Zusammenhang gesehen wird.

Das Einzige, das man der Angst als solche erst einmal und mit Sicherheit nachsagen kann, ist, dass niemand sie will. Angst ist die unangenehmste aller menschlichen Emotionen, unangenehmer und unerträglicher als jedes andere Gefühl, dessen ein menschliches Gemüt fähig ist. Nun, um diesen wichtigen und vielsagenden Umstand zu erforschen, kommen wir um einen ersten Rückgriff auf unsere vorangegangenen Erkenntnisse nicht umhin: Warum ist dem so?

Es ist unumgänglich, sich der Gründe für die emotionale ›Qualität‹ von Angst voll und ganz bewusst zu sein, bevor man ein geeignetes Gegenmittel ausmachen kann. Soll ein

Feind besiegt werden, muss er erst einmal zweifelsfrei identifiziert sein. Bevor Du wissen kannst, was einem Konzept entgegenzusetzen ist, muss es erkannt sein. Die oberflächliche Betrachtung dessen, was Angst oftmals oder sogar meist zu sein scheint, würde uns nur auf eine falsche Fährte führen und in der Sackgasse enden lassen. Es liegt in der Natur der Sache, dass Du den richtigen Köder brauchst, wenn Du eine Beute zur Strecke bringen willst.

Angst ist, zumindest auf den ersten Blick, so schwer zu fassen, weil sie so viele verschiedene Gesichter annehmen kann. Sie scheint, in ständigem Wechsel begriffen, jedes Mal und in jedem Fall anderen Prinzipien zu gehorchen und zu folgen. Doch dem ist nur bei flüchtiger Untersuchung so. Die Formen und Umstände der äußeren Erscheinung berühren dennoch nicht die Essenz, aus der die Angst besteht und hervorgeht. Und genau hier, in diesem Umstand, liegt die machtvollste und wichtigste Wahrheit für die Bekämpfung und Überwindung von Angst begründet:

*Angst ist berechenbar. Darin liegt ihre große Schwäche.*

Sowie der Mensch in die Materie eintritt, fühlt er sich von seinem Ursprung und damit von seiner wahren Natur getrennt. Als ein von Deinem Schöpfer getrennt existierendes Wesen nimmst Du Dich nicht mehr als integraler, gültiger Bestandteil der großen Einheit von Alles-was-Ist wahr. Du kannst diese Wahrheit vielleicht noch als ein wohlklingendes theoretisches Gedankenkonstrukt akzeptieren, aber Du nimmst die Wirklichkeit der Verbundenheit von allem mit

allem nicht als wirkliche und wahrhaftige Realität wahr. Es
ist Sinn und Zweck des Einstiegs in die materielle
Dimension, zur bewussten Erkenntnis der Einheit innerhalb
der dualen Spaltung zu erwachen.

Ihr habt Euch dazu entschieden, in die tiefste Dunkelheit
einzutauchen, um zu erforschen und zu prüfen, ob Ihr gewillt
und somit in der Lage seid, Euch aus der Dunkelheit heraus
als das Licht wiederzuerkennen, das Ihr wirklich seid. Ihr
befindet Euch sozusagen in einem völlig abgedunkelten
Raum, tastet Euch selbst ab und fragt Euch unablässig: »Was
um alles in der Welt bin ich?« Das ist Menschsein!

Der absurde Glaube an die Trennung, an die Möglichkeit
einer von der Urquelle allen Seins losgelösten Existenz, ist
die Geburtsstunde des Ego. Ego ist die Wahrnehmung von
Trennung, von Einzelexistenz und damit schlussendlich der
Glaube an eine Existenz ohne Ursache. Einzelexistenz ist ein
Gedankenkonstrukt des Ego, das in Gott vollkommen sinnlos
ist und sein muss. Die Idee von einzelner, autonomer
Existenz bedingt implizit die Verursachung aus sich selbst
heraus.

Nun, mein lieber Freund, meine liebe Freundin, diese Idee
ist allzeit und ewiglich vollkommen unmöglich, unsinnig und
absurd: Nur Gott selbst ist und kann sich selbst gleichsam
Ursache und Wirkung sein. Hier stößt die göttliche Unermesslichkeit an die Grenzen menschlicher Begrifflichkeiten
und sprachlicher Ausdrucksmöglichkeit. Nur Alles-was-Ist
kann sich selbst sowohl verursachen als auch bewirken. Als
vollkommener Teil von Alles-was-Ist kannst Du Deine
Ursache nur in Ihm und aus Ihm heraus finden und haben. Da
es niemals irgendetwas außerhalb Seiner Absolutheit geben
kann, kann auch die Wahrheit und Wirklichkeit Deiner

Identität nur absoluten Charakter haben. Mit anderen Worten gesagt: Alles, was über Gott, Deine Schöpferenergie, gesagt werden kann, ist unfehlbar und ausnahmslos auch auf Dich anwendbar.

Nun, meine liebe Freundin, mein lieber Freund, was hat das alles mit Deinem Angstproblem zu tun? Es hat alles mit Deiner Angst zu tun, denn:

*Angst ist das, was sich einstellt, wenn Gott sich selbst ›nicht sieht‹.*

Und so sind wir bei unseren Betrachtungen wieder beim Ego, denn wo sonst könnte Gott, der sich seiner selbst vollkommen bewusst ist, sich selbst übersehen.

Wie wir in *Des Menschen Wunsch und Gottes Wille* gesehen haben, ist Ego ›Gott, der sich selbst vorgaukelt, sich seiner selbst nicht zu erinnern‹. Ego ist ›Gott, der vorgibt, sich selbst nicht zu erkennen‹. Und so nähern wir uns denn mit Riesenschritten dem menschlichen Angstproblem: Wenn Angst das Nichterkennen der eigenen göttlichen Natur ist, dann kann die Heilung jeder Angst nur in der Erkenntnis der göttlichen Identität ihren Ursprung nehmen und ihre Vollendung finden. Was jedoch ist diese göttliche Idcntität, woraus besteht sie, was macht sie aus? Was ist die Essenz, die Ursubstanz von Alles-was-Ist und folglich auch von Dir und von allem anderen, was erschaffen ist?

Da nichts ohne Ursache, ohne Grund sein kann, ist selbst diese Frage im Grunde und in Wahrheit einfach zu beantworten, denn die Antwort ergibt sich zwingend und völlig offenbar aus Dir selbst und Deinem Sein. Du wirst der

Antwort in dem Augenblick gewahr, in dem Du es wagst, Dir selbst zu vertrauen. Wenn Du Dir selbst vertraust, vertraust Du darauf, dass Du existent bist. Nun, so Du dies tust, genügt der Blick auf Dich selbst. Die Ursache von Allem-was-Ist gibt sich immer und unfehlbar im Sein des Vorhandenen zu erkennen. Sieh Dich also selbst an, dann siehst Du Deinen Schöpfer. Wenn Du Deinem Sein vertraust, vertraust Du Deinem Schöpfer. Nun, was siehst Du, wenn Du Dich selbst anschaust?

*Willst Du wissen, was Du da siehst, dann frage nach seinem Zweck.*

Mensch, was also ist Dein Zweck? Wenn die Frage auch so viele verschiedene Antworten bekommt, wie Menschen gefragt werden, so sind sie doch alle im Grunde und in Wahrheit auf einen Nenner zu bringen: Dein Zweck ist Werterfüllung.

Die Verschiedenheit der Antworten ergibt sich aus dem Umstand, dass jeder Mensch unter Werterfüllung in gewissem Umfang etwas anderes versteht. Diese ›individuellen Feinheiten‹ machen jedoch auf der Ebene, auf der wir hier reden, keinen wirklichen Unterschied. Werterfüllung ist in der Tat Selbstzweck und dies nur aus dem Grunde, weil Werterfüllung Glückserfüllung ist. Glück aber ist Selbstzweck, weil Glück Endzweck ist. Glück ist deshalb Endzweck, weil Glück natürlicher, göttlicher, ewiger Seinszustand ist:

*Sein ist Glücklich-Sein.*

21

Nun, mein lieber Freund, meine liebe Freundin, Dir dürfte bewusst sein, dass Glück nur ein anderes Wort für Liebe ist. Die Begriffe Gott, Glück, Liebe und Sein sind in der Tat beliebig austauschbar, es sind verschiedene Worte, die ein und dasselbe Prinzip zu benennen versuchen. In Deinem Zweck spiegelt sich Deine Identität, denn wo sonst als in Dir selbst, könnte sie zum Ausdruck kommen. Wenn Du das bist, was Du bezweckst, bist Du Glück, Leben, Liebe. Wie aber kannst Du dann Angst sein, wo Du doch alles andere bist? Als ob die Sache so nicht schon schwierig genug wäre, kommt ein weiterer tragender Umstand hinzu, der nicht ignoriert werden kann: Als integraler, vollkommener Teil von Alles-was-Ist bist Du Liebe, weil Er Liebe ist. Soweit – so gut. Der allumfassende und somit nichts ausschließende Charakter des Göttlichen impliziert, dass Du das, was Du/Er bist/ist, immer, ausnahmslos und ewig, bist. Mit anderen Worten, wenn Du, als Teil des Göttlichen, der Du bist, Liebesenergie bist, dann bist Du das immer. Dies führt uns auf direktem Wege zu einem wichtigen Dreh- und Angelpunkt unserer Betrachtungen:

*Gott ist berechenbar. Darin liegt seine
große Stärke.*

Du magst Dich fragen, wie des einen Stärke des anderen Schwäche sein kann. Dies liegt einfach in der Natur desjenigen, dem das Prinzip zu eigen ist: Gott ist Wirklichkeit, Ego hingegen ist Illusion. Dies macht den alles entscheidenden Unterschied. Die unwirkliche Natur der Illusion macht ihre Berechenbarkeit als solche zu ihrer Achillesferse.

Die Wirklichkeit des Göttlichen – und nur diese – macht es unüberwindlich in seiner Macht und Stärke. Hier liegt die Wahrheit, auf der Deine Rettung aus der Angst beruht und aus der sich all Deine Hoffnung auf Erlösung speisen darf:

*Liebe ist Wirklichkeit – Angst ist Irrtum.*
*Jetzt und ewig.*


»Man muss vor nichts im Leben
Angst haben, wenn man
seine Angst versteht.«
Marie Curie

# 2. Analyse:
# Die inneren Schlachtfelder
# der Angst

### Die menschliche Wahl der Qual

Meine liebe Freundin, mein lieber Freund, immer dann, wenn der Mensch sich dafür entscheidet Angst zu haben, Angst zu sein, trägt er für diesen einen Augenblick die Chance und Gelegenheit für die Wahrnehmung seiner Göttlichkeit zu Grabe.

Als vollkommener Teil Gottes, ausgestattet mit seinen Eigenschaften, steht Dir die Wahl Deiner Selbstwahrnehmung jederzeit vollkommen frei. Deine uneingeschränkte Schöpferkraft und der freie Wille, die Dein göttliches Erbe sind, stellen allzeit sicher, dass Du die Dinge entsprechend Deiner Wahl wahrnehmen und erleben wirst. Das Universum selbst verneigt sich vor der Allmacht der göttlichen Schöpferkraft und ordnet und fügt die Dinge entsprechend Deiner Wahl, die sich an Deiner Selbstwahrnehmung entscheidet.

So, wie Du in Deinem Herzen über Dich fühlst und in Deinem Intellekt über Dich denkst, so ist es mit Dir. Deine inneren wie auch Deine äußeren Erfahrungen werden sich unfehlbar Deinem Willen beugen und sich Deiner Selbstwahrnehmung anpassen. Nichts weniger ist eines Kindes und damit eines Teiles des Göttlichen würdig. Alles-was-Ist ist in jedem seiner Teilaspekte so schöpferisch, wie Er es sein will, das heißt, Gottes Schöpferkraft geht immer und in jedem so weit, wie sie erkannt und anerkannt wird. Was bedeutet das für Dich?

Es bedeutet, dass Du über die absolute, uneingeschränkte Macht der freien Wahl verfügst, so Du sie Dir zugestehen willst. Es bedeutet, dass Du Dich in der Illusion der Angst verlieren und ein unreales Phantom mit Wirklichkeit verwechseln kannst, so Du dies zu tun entscheidest. Es bedeutet aber genauso, dass Du Dich für die Wahl der Wahrheit über Dich selbst und für die Wirklichkeit Deiner göttlichen Identität entscheiden kannst und sie somit für Dich wahrnehmbar und erfahrbar machst. Es bedeutet nichts weniger, als dass Du Dir aussuchen kannst, was Du fühlen willst!

*Du kannst Dir aussuchen, was Du fühlen willst.*

Ist der Irrtum der Angsterfahrung als solcher erst einmal erkannt, kann nur noch Liebe sein und sie nimmt den ihr gebührenden Platz ein. So kann die einzige Wahrheit hinter allen Erscheinungen immer und ausnahmslos nur Liebe sein und wo sie einmal erkannt ist, kann sie nie wieder verloren gehen.

Liebe ist immer Wahrheit, Wahrheit kann immer nur Liebe sein. Hat Gott sich selbst in einem Aspekt erkannt, wird es nie wieder Irrtum geben. In Selbsterkenntnis, die nur Selbstliebe sein kann, kann es niemals Rückschritt geben, da sie Gottes Wille ist, dem ewig entsprochen wird. So gehst Du in die Angst hinein und durch sie hindurch, damit Du erkennen kannst, dass Angst nicht Deiner göttlichen Natur entspricht. Angst ist einfach deshalb die unangenehmste aller Empfindungen, weil sie nicht ›Du‹ ist. Sie ist das unerträglichste aller Gefühle, weil sie Deiner wirklichen Natur am entferntesten ist. Sie ist also die Eintrittskarte für diese duale Welt, die Ihr alle mutig kauft, damit Ihr Euch der Illusion hingeben könnt, um sie um Eurer selbst willen wieder zu enttarnen. In Deiner göttlichen Natur ist Angst ein völlig sinnloses Konzept ohne jede Berechtigung und ohne Bestand.

*Angst ist menschlich, aber nicht natürlich.*

Weil Liebe allumfassend ist, immer und überall, kann es niemals sein, dass es einen ›Platz‹ gibt, an dem Angst berechtigt und real wäre. Es gibt, jetzt und ewig, keinen ›Platz‹ außerhalb von Alles-was-Ist, keinen Platz, an dem Liebe nicht ist. Der Raum, den Du den Dämonen – Deinen Ängsten – zugestehst, kann nur ein Irrtum sein, weil Du nicht erkannt hast, dass dieser ›Raum‹ bereits von göttlicher Liebesallgegenwart besetzt ist.

Jeder Dämon, in welcher Gestalt Du ihn Dir auch erschaffen magst, wird immer real und vor allem berechtigt erscheinen. Anstatt die Gültigkeit der Angst als solche infrage zu stellen, bevorzugen es viele Menschen, sie durch eine andere, weniger bedrohlich wirkende zu ersetzen, wenn sie unerträglich wird. Aus Angst vor der Angst entscheidet Ihr Euch mitunter dazu, einen großen, gewaltigen Dämon durch einen scheinbar kleineren, kontrollierbareren einzutauschen. Ihr erliegt somit der Illusion, dass es eine Größenordnung des Irrtums geben kann. Doch es gibt nicht viel und wenig, großen und kleinen Irrtum. Wahrheit ist ganz und gar Wahrheit oder sie ist es nicht. Irrtum ist und bleibt ewig Irrtum. Und wo ein noch so winziger Irrtum ist, kann Wahrheit nicht sein. Es ist ein Absurdum zu glauben, in Gott sei Kompromiss möglich. Weil Gott Wahrheit ist, ist sie absolut.

*Sich gegen die Angst entscheiden kann niemals Irrtum sein, sich für die Angst entscheiden ist immer Irrtum.*

Die Illusion der Angst hat in dieser Welt eine gewaltige Anziehungskraft und kann nur im Gottesbewusstsein aufgelöst werden. Nur in der Rückbesinnung auf Deine wahre Natur wirst Du ihr widerstehen wollen und können. Wo der Mensch bereit ist für die Wahrheit, wird jede Illusion mit göttlicher Macht hinweggefegt. Wenn Du Dich in der Schwingung der Liebe befindest, bist Du stimmig mit Dir selbst, in Deiner Mitte und somit glücklich. Wenn Du Dich im Würgegriff der Angst befindest, bist Du es nicht.

Deine Intuition ist Dein göttliches Werkzeug, Dir gegeben als untrügerischer Wegweiser auf Deiner Reise zurück nach Hause. Sie führt Dich zur Wahrheit über Dich selbst. Stimmigkeit, Harmonie, Glück und Ganzheit sind die Schlüssel zu Deiner Wirklichkeit. Die unwiderstehliche Anziehung, die Liebe auf Dich ausübt, Deine unermesslich tiefe Sehnsucht nach ihr, ist das offensichtliche und unfehlbare Indiz dafür, dass Du bei Deiner Suche nach Deiner Wahrheit über Dich selbst auf der richtigen Spur bist.

Wenn Dir bewusst wird, dass Du über uneingeschränkte Schöpferkraft und die unbegrenzte Freiheit der Wahl verfügst, kannst Du Dich nicht länger als Opfer Deiner Ängste fühlen wollen. Du erkennst, dass Du bist, was Du sein willst, was Du zu sein wählst. Und nun frage Dich also, Mensch, der Du Gottes heiligen Funken in Dir trägst, was Du zu sein beabsichtigst: Willst Du Furcht und Angst sein, wertlos, machtlos, einer scheinbar gefährlichen Welt schutzlos ausgeliefert? Kann das der Würde Gottes, der Du bist, entspringen und entsprechen?

Oder willst Du vielmehr Gott in Dir die Ehre erweisen, indem Du Deine wahre Natur anerkennst, Deine Dir zustehende göttliche Macht beanspruchst und Dir selbst zurückgibst, was schon immer Dein war und ewig Dein sein wird?

Horche in Dich hinein und lausche dem Widerhall der ewigen Wahrheit über Dich. Gott selbst winkt Dir aus Deinem Innersten zu und ruft Dich bei Deinem Namen, damit Du endlich erkennen mögest, dass Du in dieser Welt, aber nicht von dieser Welt bist. Der Mensch kennt das Dunkel und nicht das Licht und daher fürchtet er das Licht.

*Ihr alle seid es so sehr gewohnt, Angst zu haben,*
*dass Ihr es vermeidet, keine Angst zu haben,*
*denn das macht Euch Angst.*

Angstfreiheit irritiert den Menschen, dem Angst zur ›zweiten Natur‹ geworden ist. Deine erste Natur ist jedoch Deine göttliche und damit die einzig wahre. Die ihr innewohnende Wirklichkeit macht sie schließlich unwiderstehlich für Dich.

Wir werden uns im Folgenden gezielt Deinen großen Irrtümern zuwenden, denn nichts anderes sind all Deine Ängste als Irrtümer über Dich selbst. In der Erforschung ihrer Ursachen und in den Kontext Deiner wahren Identität gestellt, wird der illusionäre Charakter jeder Furcht offen zutage treten. Wo aber die Illusion als solche erkannt ist, da hört sie auf zu sein: Angst hat immer nur so viel Macht über Dich, wie Du ihr zugestehst, denn des Menschen Macht liegt in seiner Göttlichkeit und nicht in seinem Ego begründet.

»Tausend Gründe sich zu grämen,
tausend Gründe sich zu bangen,
nehmen Tag für Tag den Toren,
nicht den weisen Mann gefangen.«
Aus Indien

# 1. Irrtum:
# Die Angst vor Mangel

## Die Inflation von Lebenszeit

M ein lieber Freund, meine liebe Freundin, in der Welt ist Liebe, sonst wäre sie nicht. In der Welt ist Liebe, weil Du in der Welt bist – Alles-was-Ist in menschlichem Ausdruck. Manch einer verzweifelt in und an der Welt, weil er die Allgegenwart des Göttlichen und damit der Liebe nicht erkennt. Nur wer die Liebe in sich selbst sieht, kann sie auch in der Welt erkennen. In gleichem Maße, wie sie im Innen wahrgenommen wird, kann sie sich im Außen zeigen. Das Offensichtliche kann immer nur dort sein, wo jemand ist, der es sehen will.

Es soll uns bei unseren Betrachtungen nicht um Gesellschaftskritik gehen. Es sei ausdrücklich betont, dass es hier ausschließlich darum geht, aus der Analyse der äußeren Umstände Erkenntnisse über die Innenwelt zu gewinnen und Dir wertvolle Rückschlüsse in Bezug auf Dich selbst anzubieten. Die Erforschung einer Ursache kann nur dort sinnvoll sein, wo sie gesetzt ist, denn nur hier liegt auch die Macht zur Anpassung, Veränderung oder Beendigung. Es geht nicht um die Gesellschaft als Ganzes, sondern um Dich als Person, als das scheinbare Einzelwesen darin, als das Du Dich wahrnimmst. Wer von ›der Gesellschaft‹ redet, hat eine gesichtslose Ansammlung von Individuen vor Augen, die als einzelne

Glieder in der Kette nur unmaßgeblich ins Gewicht fallen und kaum über Macht verfügen, ein anonymes Irgendetwas. Es ist schon richtig, dass die Gesellschaft eine machtvolle Gruppenenergie verkörpert, die über ein ihr eigenes Gesamtbewusstsein verfügt, wie es sich mit jeder Art von Kollektiv verhält. Dieses Kollektivbewusstsein steht in ständigem Austausch und permanenter Wechselwirkung mit dem Bewusstsein seiner einzelnen Mitglieder. Das Gesellschaftsbewusstsein ist ein gewaltiges Energiekonglomerat, das permanent in Bewegung ist, sich jeder Veränderung anpasst und sich so ständig erneuert, aktualisiert und neu definiert.

Dies kann aber nur so sein, weil die Einzelwesen, die diese Gesellschaft ausmachen, real sind. Wo aber Realität ist – Bewusstsein –, kann unmöglich Machtlosigkeit sein. Die Machtlosigkeit des Einzelnen ist eine Egoillusion, geboren aus dem Trennungswahn und die logische und direkte Folge davon. Wie jedes einzelne Glied über das Schicksal der ganzen Kette entscheidet, so ist auch die Macht des Einzelbewusstseins innerhalb dieser Gesamtenergie maßgeblich. Mit jeder Dir noch so geringfügig erscheinenden Bewusstseinsveränderung beeinflusst und veränderst Du die energetische Schwingung des Gesamtbewusstseins. Gottes Macht ist gänzlich in jedem seiner Teile, weil sein Zentrum überall ist. Der göttliche Fokus ist allgegenwärtig und so ist es auch seine gestaltbildende Kraft. Wer die Gesellschaft verändern will, der muss den einzelnen Menschen verändern.

Ein theoretisches, anonymes Irgendetwas kann keine Macht haben, nur was real ist, kann Realität hervorbringen. Was namenlos ist, kann keine kreative Kraft haben und so gibt es in Gott keine Anonymität. Die Gesellschaft ist nicht namenlos, sie trägt die Energie der Identität all ihrer einzelnen Teile. Gott übersieht sich selbst nicht, in Ihm ist keiner seiner Aspekte geringer oder weniger gültig als ein anderer. Wie wir gesehen haben, ist nur das Ego einer Absurdität wie des Übersehens göttlicher Wirklichkeit fähig. Gott selbst ist jedoch überall gleichermaßen machtvoll: Was überall in seiner Mitte ist, das ist auch immer und jederzeit im Brennpunkt seiner Macht.

Wahrhaft unermesslich ist die Unermesslichkeit Gottes. Wer also eine liebevolle Gesellschaft will, muss liebevoll sein. Um Umstände verändern zu können, muss man sie erkennen als das, was sie sind: Wirkungen, deren Ursache Du selbst bist. Somit kann die viel beschworene Veränderung der Welt nur eine Frage der Wahrnehmungskorrektur jedes Einzelnen sein, eine Korrektur der Wahrnehmung seiner selbst. Jeder Mensch ist wahrhaft der Nabel der Welt:

*Die Heilung der Welt ist eine Frage der Korrektur*
*Deiner Selbstwahrnehmung. Macht kann nur von*
*dort ausgehen, wo sie ist.*

Meine liebe Freundin, mein lieber Freund, in Deiner Welt scheint es von allem zu wenig zu geben. Der innere Mangel, welcher der fehlerhaften Selbstwahrnehmung entspringt, manifestiert sich allerorten im Außen. Da der Mensch seine göttliche Vollkommenheit nicht anerkennt, kann er auch seiner Bedürfnislosigkeit nicht gewahr sein. Was könnte der brauchen, der alles ist?

Die Spiegelung des Mangels im Außen scheint den Realitätsgehalt und die Gültigkeit des Bedürftigkeitsprinzips zu bestätigen und vergrößert Eure Angst vor Entbehrung und

Not. Das Einzige, was Euch und somit Eure Welt von dieser Illusion heilen und Fülle manifestieren kann, Eure Liebe zu Euch selbst und damit zu Euren Mitmenschen, kommt Euch abhanden bei der verzweifelten Jagd nach all dem, wovon nicht genug da ist: nicht genug Zeit, nicht genug Geld, nicht genug Arbeit, nicht genug Freizeit, nicht genug Altenheime, nicht genug Kindergärten, nicht genug Nahrung, nicht genug Trinkwasser, nicht genug Forschungsmittel, nicht genug Medikamente, nicht genug Spenderorgane, nicht genug Rohstoffe, nicht genug von Was-auch-immer. Tatsächlich fehlt es der Welt zur Heilung im Grunde und in Wahrheit ausschließlich an Liebe. Wo Liebe ist, besser gesagt, wo ihre göttliche Allgegenwart wahrgenommen wird, kann niemals Mangel herrschen. Wo Liebe ist, da ist Reichtum, Fülle, Überfluss.

Die Lösung Eurer Weltprobleme kann nur im Inneren gefunden werden und nur von hier aus kann jede Korrektur ihren Ausgangspunkt nehmen. Es ist eine Frage des Vertrauens in Gott und damit eine Frage der Selbsterkenntnis, inwieweit der Mensch es wagen will, sich nach innen zu wenden, sich nicht von den äußeren Erscheinungen hypnotisieren und auf eine falsche Spur führen zu lassen.

Die Gesetzmäßigkeiten, die individuell greifen, sind gleichermaßen auf kollektiver Ebene gültig. Alles, was kollektiv erfahren wird, wurde kollektiv in den materiellen Ausdruck gedacht. In der einen oder anderen Weise teilt die gesamte Weltbevölkerung die Erfahrung von Mangel. Diese Fehlwahrnehmung kann sich nur in dem Maße korrigieren, in dem die Illusion der Trennung geheilt und die Einheit mit Gott erkannt wird. Mangel ist Mangel, die spezifische Art des Mangels ist sozusagen Teil des Lokalkolorits einer bestimmten Gesellschaft. Wo es anderenorts an biologischer Nahrung fehlt, da fehlt es Euch vor allem an Lebensfreude und Herzensnahrung. Ihr genießt Euren Wohlstand nicht, weil Ihr Euch selbst nicht liebt. Und so ist das Einzige, wovon Ihr wirklich Überfluss habt, Mangel an Selbstliebe. Was aber der Mensch wirklich braucht, ist jedem zugänglich, der es sich nur zugestehen will:

*Gottes Liebe ist immer und überall.*

Wer von Euch wäre da, der nicht seinen eigenen Wert nach dem Stand seines Bankkontos bemisst? Du tust das nicht? Nun, sei Dir gewiss, dass Du es tust, wenn dies Dein Bewertungsmaßstab für deine Mitmenschen ist. Du kannst Deinem eigenen Urteil nie entfliehen. Willst Du erkennen, was Du glaubst, wer Du bist, dann verfolge Deine Spur in dem, was Du tust. Wovon glaubst Du, dass es stärker, größer und mächtiger sei als Du? Wer und was beherrscht Dich und Dein Leben? Was fürchtest Du, weil Du es stärker glaubst als Dich selbst? Suchst Du Deine Sicherheit in Versicherungspolicen, Vorsorgeuntersuchungen und Alarmanlagen?

Ein kollektiver Wahn wird nicht dadurch vernünftig und sinnvoll, dass er von einer Allgemeinheit anerkannt und betrieben wird. Wir betonen an dieser Stelle ausdrücklich, dass es nicht etwa darum geht, irgendetwas an diesen Dingen zu ändern. Es geht uns hier einzig darum zu erkennen, was sie sind, um das Hinterfragen und Durchschauen der Denkkonzepte und Prämissen, auf denen sie beruhen. Was wenn nicht die Angst vor Mangel, der von ›außen‹ über Dich kommen kann, könnte diesen Konzepten Gültigkeit und

Berechtigung verleihen? Wir kommen an späterer Stelle noch einmal auf diese Thematik zu sprechen. Der Mensch lässt sich zunehmend vom Zeitdämon beherrschen. Indem Ihr versucht, Zeit zu ›gewinnen‹, jagt Ihr sie vor Euch her. Ihr seid Euch der alles beherrschenden Macht des Bewusstseins nicht bewusst. Da das Bewusstsein das Zentrum jeder gestaltbildenden Macht ist, könnt Ihr nur dadurch Zeit ›gewinnen‹, sie ›herstellen‹ und somit haben, wenn Ihr sie Euch nehmt. So einfach ist das – und so logisch!

Was Du Dir nicht zugestehst, das willst Du nicht und kannst Du somit auch nicht haben, weil Du es von dir wegstößt. Wer Zeit haben will, der muss sie wollen. Zeit ›einsparen‹ wollen ist jedoch das Gegenteil von Zeit ›zur Verfügung haben‹: Du kannst nicht gleichzeitig wollen und nicht wollen.

Die Zeit rennt Euch davon, weil Ihr sie zunehmend rafft. Wenn man Zeit rafft, dann verkürzt man sie. Wenn man Zeit ausdehnt, hat man ›mehr‹ davon. Mit Euren Kommunikationsmitteln legt Ihr fast weltweit das Lebenstempo fest und obwohl Ihr jetzt schon stöhnt und ächzt, erhöht Ihr weiterhin beständig die Geschwindigkeit Eurer Lebensrhythmen. Die logische Konsequenz ist, dass Ihr ›mehr‹ Leben, mehr Erfahrung, in eine Lebenszeit packt. Ihr lebt schneller, was Euch zwingt, ›rennenderweise‹ von Erfahrung zu Erfahrung zu hetzen. So überfordert Ihr Euch ständig selbst, weil Euch im wahrsten Sinne des Wortes ›die Zeit fehlt‹, Eure Erfahrungen zu integrieren, wie dies in früheren Zeiten vermehrt der Fall war.

Ihr habt Euch kollektiv zu dieser intensiven Erfahrungsbündelung entschieden und sie ist sowohl der Zeitqualität als auch dem Gesamtbewusstsein der Gesellschaft angemessen.

Nichts kann jemals sein, das der Art von Erfahrung, die Ihr zu machen Euch entschieden habt nicht dienlich wäre. Die logische Folge ist die, dass Ihr schneller altert. In der Tat altert Ihr ungleich schneller als früher. Dies hat weder mit Eurer physischen Lebenserwartung noch mit biologischen Alterungsprozessen zu tun: Ihr ›altert‹ geistig schneller. Ihr altert schneller, weil Ihr mehr in einem gewissen Zeitraum durchlebt, als dies früher der Fall war. Die prägenden Kindheitserfahrungen werden im Zeitraffer absolviert, Kinder werden schneller erwachsen. Wo Menschen früher existenzielle Lebenskrisen und Umbrüche hatten, da sind sie heute meist zeitlich vorgezogen. Dies bringt für Euch in jeder Lebensphase ganz spezifische Herausforderungen mit sich, da Ihr Euch selbst kaum noch die zeitlichen Freiräume für die Integration der jeweiligen Erfahrung zur Verfügung stellt.

Nun, mein lieber Freund, meine liebe Freundin, die Art und Weise, wie Du mit dieser Herausforderung umgehst, lehrt Dich viel über Deinen Blick auf Dich selbst. Wenn Du weißt, wer Du bist, dann weißt Du, dass ausnahmslos alles und jedes Dir gegeben ist, Dir zu dienen. Gott schuf die lineare Zeit, besser gesagt das lineare Zeitempfinden, um dem Menschen eine Handlungsplattform für die spezifische Art von Erfahrung zu bieten, die zu machen er gewillt ist. Die lineare Zeit ist in dieser Dimension der Dualität das gottgegebene Werkzeug zur Integration von Prozessen der Bewusstseinserweiterung. Weil Ihr der linearen Zeit unterworfen seid, ist Bewusstseinserweiterung und damit Selbsterkenntnis ein Prozess. Und weil es sich um Prozesse handelt, seid Ihr vom Zeitfaktor abhängig und auf ihn angewiesen. Damit Euch Zeit dienen kann, müsst Ihr sie haben: Zeit dient dem, der sie hat. Zeit hat, wer sie nutzt. Lineare Zeit ist, von höherer Ebene aus betrachtet, eine Illusion. Die einzig wirkliche Zeit ist das ewige Jetzt. Hier – und nur hier – ist der Fokus all Deiner schöpferischen Kraft und Macht.

*Aus Sicht Deines Höheren Selbst ist Zeit nichts anderes als eine linear angeordnete Abfolge von Liebeschancen.*

Ihr einziger Zweck und Segen liegt in ihrer Verfügbarkeit für Deine Nutzung. Wenn Du keine Zeit hast, dann hat sie Dich, und aus Deinem Diener hast Du den Herrn gemacht. Wer sollte sich wem unterordnen? Wer sich die Zeit nicht unterordnet, weil er sich seiner Identität und damit der ›Rangordnung‹ nicht bewusst ist, der muss sich ihr unterwerfen. Weil Zeit die machtvollste feststehende Größe in Deinem Leben ist, wäre es Dir dienlich, Deinen Umgang mit Deiner Lebenszeit zu überdenken und zu analysieren.

Indem Du erforschst, wofür Du Zeit ›investierst‹ – und dies ist wahrhaft die wichtigste aller Investitionen, die Du in Deinem Leben tätigen kannst –, gewinnst Du Klarheit darüber, was Du über Dich selbst glaubst. Du definierst Dich selbst über das, was Du tust und mit Deiner Zeit anfängst. Es geht um die Erkenntnis der Rangordnung Deiner Prioritäten, die Dir direkten Aufschluss darüber liefert, wie Du Dich selbst siehst. Was hat welchen Stellenwert? Wie definierst Du Dich und inwieweit ist Dein Bild Deiner selbst in Einklang mit Deiner gelebten Wirklichkeit? Der Mensch versteht das Wesen der Zeit nicht. Zeit tut, was man ihr sagt. In dem Maße, in dem Du ›Deine‹ Zeit in Ehren hältst, hältst Du Dich selbst in Ehren. Wenn Du Dir die Zeit, die Dein Geschenk ist und so verstanden sein will, zum Feinde machst, dann wird sie Dir ein unerbittlicher Gegner, weil Du Dir selbst einer bist.

Wer sein Leben ständig beschleunigt, kommt nicht umhin, sich selbst hinterherzulaufen. Wer klug ist, der findet zurück zu sich selbst und macht die Zeit zu seinem Verbündeten. Zeit ist dessen Freund, der sich nach sich selbst richtet und somit die Prioritäten neu definiert und unmissverständlich festlegt.

Die jedem Menschen eigene ›innere Uhr‹ ist Teil seiner individuellen Persönlichkeitsprägung und läuft ihm nie zuwider. Sie ist Teil der Identität und somit gebühren ihr Ehre, Respekt und Anerkennung. Dein ganz persönlicher Erfahrungsrhythmus ist ein ebenso gültiger Aspekt Deiner Wesenheit wie Deine physische Erscheinung.

Wie wir gesehen haben, ist der gottgegebene Zweck der Zeit die Bereitstellung von Liebesgelegenheiten. Nun, auf sehr tiefer, subtiler Ebene verwechselt Ihr Geld mit Liebe. Warum sonst würdet Ihr den Großteil Eurer Zeit mit seiner Beschaffung verbringen? Mit diesem verdienten Geld versucht Ihr dann, das Liebesdefizit in Euch auszugleichen und Euch sozusagen zu ›entschädigen‹. Und dann wundert sich so mancher Mensch, warum am Ende des Lebens noch so viel (nicht gelebte) Liebe übrig ist.

Die meisten Menschen behaupten im tiefsten Brustton der Überzeugung, dass man die wirklich wichtigen Dinge im Leben nicht für Geld kaufen kann. Warum aber hört der Mensch selbst dann nicht mit seinen Beschaffungsmaßnahmen auf, wenn sein physisches Dasein längst sichergestellt ist? Hier tritt die unbewusste Verwechslung deutlich und unverschleiert zutage. Wo ein Konzept zum Selbstzweck wird, muss es im Grunde und in Wahrheit um etwas anderes gehen, denn nur Liebe kann wahrhaft Selbstzweck sein. Geld ist weder gut noch schlecht. Geld ist erst einmal eine völlig neutrale Energieform. Das Einzige, das es in irgendeiner Weise besonders erwähnenswert macht, ist die Tatsache, dass Ihr ihm so große Bedeutung zugesteht. Das Interessante an Geld, ja an allem, ist Dein Interesse daran.

Der intellektuelle und emotionale Energieaufwand, den Du in die Sache investierst, ist weitaus erforschenswerter als die Sache selbst. Es geht um die Erkundung der Gründe, wieso Du dieses gewaltige Energiepotenzial in diese Richtung lenkst. Geld ist, wie auch sonst alles, neutral, aber es wird dann ›schlecht‹, wenn Du es Dir zum Feinde machst. Das tust Du, wenn Du es überforderst. Jedes Mal, wenn Du Dir Glück von Geld erhoffst, überforderst Du es maßlos in Deinem Anspruch. Dich selbst überforderst Du, wenn Du etwas dort suchst, wo es nicht gefunden werden kann, weil es dort nicht ist:

*Geld ist nicht Liebe.*

Geld ist nichts als eine Idee in Euch und sie ›funktioniert‹ nur deshalb, weil Ihr diese Idee gemeinsam akzeptiert habt. Geld ist in Eurer Welt das verhätschelte Kind der Dualität, denn es steht für alles, was aus der Illusion der Trennung geboren ist: Mangel und Angst vor Entbehrung. Was aber aus Illusion geboren ist, kann selbst nur Illusion sein. Wie alle Aspekte der Illusion vergeht es. Was aber der Vergänglichkeit anheimfällt, kann nicht Teil Deiner ewig gültigen Wirklichkeit sein. Da Du ewig bist, kann nur das Ewige Teil Deiner Identität sein. Was nicht Teil von Dir ist, kann Dich nicht an die

Wahrheit über Dich zurückerinnern und somit kann es Dich unmöglich glücklich machen. Und so liegt die Unverträglichkeit von Glück und Geld in der Natur der Sache als solche: Geld ist nicht Liebe!

Ein untrügerischer Beweis dafür, dass Du Dein Glück niemals im Geld finden kannst, liegt in der einfachen Tatsache, dass Du es nicht gerne weggibst. Wie aber könnte Dir etwas Glück bescheren, das Du nicht mit Freude aus Dir herausströmen lässt? Wundert es Dich nicht, dass Du ausgerechnet das, was Dir das Wichtigste und Wertvollste in Deinem Leben ist – Deine Liebe –, am liebsten weggibst? Sie ist Dein wertvollster Schatz und dennoch käme es Dir völlig unsinnig vor, sie für Dich behalten zu wollen und an ihrer Ausdehnung zu hindern.

Es liegt in der Natur von Alles-was-Ist, sich auszudehnen, sich wegzugeben, sich zu verschenken und sich dennoch und gerade dadurch selbst zu vergrößern und zu erweitern. Gott ist ewige Ausdehnung seiner selbst, niemals wird Er ›weniger‹. Was sich nicht vermehrt, wenn es weggegeben wird, kann nicht wirklich sein.

*Alles, was wirklich ist, wird mehr, wenn es sich verschenkt.*

Geld hat, genau wie Zeit, in Deinem Leben genau so viel Macht über Dich, wie Du ihm einräumst. Du bist mehr als bunt bedrucktes Papier, denn Geld ist nicht Liebe. Du aber bist Liebe. Weil Du Geld für Liebe hältst, fürchtest Du seinen Mangel. Wer sich selbst als die Liebe erkennt, die er ist, und sie sich somit zugesteht, wird niemals Mangel und Entbehrung fürchten. Da ewige Sicherheit nur in Deiner göttlichen Identität gefunden werden kann, kannst Du sie niemals im Außen finden und anhäufen. Genauso wie die Illusion der Bedrohung der inneren Fehlwahrnehmung Deiner selbst entstammt, entspringt die Erkenntnis Deiner Sicherheit dem direkten Blick auf Deine Göttlichkeit.

Geld ist für Dich wahrlich ein Segen, denn es ist, mehr als jede andere Illusion, eine Energie, die Dir erlaubt, den Unterschied zwischen Haben und Sein zu erforschen und dadurch Deine wahre Natur zu ergründen. Was Du hast, das ist außerhalb von Dir und deshalb kann Haben nur eine Illusion sein. Es gibt kein ›Außerhalb‹. Was Du aber bist, das ist Teil von Dir und somit ewig Dein. Weil Haben immer nur ein Konzept im Außen sein kann, kann nichts, was käuflich ist, bis in Deine Seele reichen. Dennoch ist es genau das, was Du Dir von den Dingen, die Du kaufst, erhoffst.

Wie wir bereits festgestellt haben, liegt der Fluch des Geldes, wenn es denn einen gibt, nicht in ihm selbst, das tut es nie. Der Fluch liegt vielmehr in der Tatsache, dass Du es überforderst. Du sprichst ihm Attribute und damit Macht zu, die es nicht hat und nicht haben kann. Nur Liebe kann bis in die Tiefen Deiner Seele reichen, weil sie selbst Liebe ist. In der Seele, dem göttlichen Zentrum Deiner selbst, ist nichts anderes wirklich und deshalb auch nichts anderes von Bedeutung.

Wir haben klargestellt, dass Geld als solches eine vollkommen neutrale Energie ist. So ist auch der materielle Reichtum an sich ein völlig neutrales Energieumfeld: Reiche Menschen sind dem Himmel weder näher noch ferner als arme. Beide sind gleichermaßen geehrt für die Schwere der Herausforderung, die sie sich aufbürden, denn wahrlich, sie ist dieselbe. Beide unterliegen in gleichem Maße denselben Risiken der Täuschung. Doch genauso wenig wie Armut ›die Himmelstür ölt‹, verschließt der Reichtum sie.

Wie jede andere materielle Erscheinung ist Geld ein Identifikationsmittel, je nachdem, wie Du Dich in Relation dazu definieren willst. Du kannst es ebenso zur Manifestation Deiner göttlichen Wirklichkeit benutzen, wie Du es zu ihrer Verleugnung missbrauchen kannst. Alles, was ohne Liebe gebraucht wird, ist missbraucht. So geht es auch beim Umgang mit Geld nicht um die Sache als solche, sondern um das, was es Dir und anderen über Dich selbst sagt. Aus diesem Blickwinkel betrachtet, dem einzig richtigen, nimmt es den Stellenwert ein, den es tatsächlich hat: Geld ist immer nur Mittel zum Zweck und kann niemals wirklicher Selbstzweck sein. Es kann niemals einen Ersatz für Liebe geben, weil es in Wirklichkeit nichts außer Liebe gibt. Nichts, was nicht Liebe ist, ist wirklich. Es gibt keinen Ersatz für Liebe.

»Genieße, was dir Gott beschieden,
entbehre gern, was du nicht hast,
ein jeder Stand hat seinen Frieden,
ein jeder Stand hat seine Last.«
Christian Fürchtegott Gellert

## 2. Irrtum:
# Die Angst vor Selbstliebe

Des Herzens schmerzlichste Begehr

M eine liebe Freundin, mein lieber Freund, Ihr seid Euch der Macht der Liebesenergie nicht einmal annähernd bewusst. Die irdischen Erfahrungen mit Liebe sind in gewissem Sinne noch sehr rudimentär. Gerade deswegen, eben genau in diesem Umstand, besteht die große Ehre und unermessliche Würde, die jeder Erdeninkarnation zukommt. In Eurer Gesellschaft hat in vielerlei Bereichen eine geradezu groteske Umkehrung der Werte stattgefunden. Die natürliche Empfindungsfähigkeit und das Unterscheidungsvermögen von Liebe und Angst sind regelrecht pervertiert oder zumindest verkümmert. Der Mensch ist oft nicht mehr in der Lage zu unterscheiden, was ihm dienlich ist und wo er sich Schaden zufügt. Dadurch entfremdet er sich von seinem Innersten und seine Selbstschutzmechanismen schlagen an den falschen Stellen Alarm.

Eure Sicht ist verzerrt, Ihr verwechselt alle so häufig und selbstverständlich Liebe mit Angst und Angst mit Liebe, dass es kaum jemand bemerkt. Liebe macht Euch Angst, in Angst fühlt Ihr Euch sicher. In weiten Bereichen Eures gemeinschaftlichen Lebens unterstützt, fördert und bestätigt Ihr Euch gegenseitig Eure Fehlwahrnehmungen, weil Ihr kollektiv den gleichen Irrtümern anheimfallt. Ihr leidet in vielerlei Hinsicht und merkt es nicht einmal mehr, es ist für

Euch ›normal‹, Euch schlecht zu fühlen. Ihr huldigt der Angst und dem, was Euch schadet. Ihr pflegt Eure Selbstverachtung und Machtlosigkeit. In Eurer Welt wird der Liebe, vor allem der Selbstliebe, argwöhnisch misstraut. Häufig sind Akte der Selbstverleugnung gesellschaftlich stark positiv besetzt, während Haltungen der Selbstakzeptanz und Eigenliebe zutiefst suspekt erscheinen. Die Dinge werden verdreht und niemand merkt es. Wie könnt Ihr nähren, was Ihr nicht kennt?

Mein lieber Freund, meine liebe Freundin, wenn es Dir an Liebe zum Selbst mangelt, dann ist es einer Gesellschaft möglich, Dir einzureden, Mangel, Entbehrung und Selbstverleugnung böten Mittel und Wege zur Selbstliebe und seien Ausdruck davon. Die Verleugnung der eigenen Herzenswünsche und tiefsten Bedürfnisse ist allgemein üblich und dennoch ist jegliche Form von wahrer Selbstgenügsamkeit doch auch verdächtig.

Der Welt Glaube an Mangel, Unwürdigkeit und Machtlosigkeit ist am deutlichsten daran zu erkennen, dass Ihr all das als erstrebenswert einstuft, was scheinbar schwierig zu bekommen ist. Andersherum sind ebenso genau die Dinge und Umstände scheinbar am schwierigsten zu erreichen, die am meisten erstrebt sind. Ja, man kann sagen, dass dies der Maßstab Eures Beurteilungssystems ist: Je schwieriger es ist, etwas zu erreichen, desto prestigeträchtiger und begehrter ist es. Je größer die Entfernung zu Euch, desto erstrebenswerter?

So erschafft und bestätigt Ihr Euch den Glauben an Mangel, Machtlosigkeit und vor allem an Unwürdigkeit. In der Wirklichkeit der Liebe Gottes ist eine solche Umkehrung nicht denkbar. Im Gegenteil: In der bedingungslosen, allumfassenden Liebe Gottes, die die einzig ›wahre‹ Realität ist, ist Dir jederzeit alles mühelos zugänglich. In Gottes

Wirklichkeit kann es niemals einen Grund geben, dass es anders sein sollte. In der Welt der Egoillusion müsst Ihr alles ›bezahlen‹. Ihr müsst es teuer erkaufen, oftmals zum Preis Eurer Selbstliebe. Eure teuersten Luxusgüter gelten als die schönsten und begehrtesten. Warum? Weil Ihr einen hohen Gegenwert einbringen müsst. Wie schon in den vorangegangenen Ausführungen geht es an dieser Stelle nicht um Kritik an den Mechanismen Eures Gesellschaftssystems, das tut es aus sich selbst heraus, sondern um die Analyse und das Verständnis der dahinterstehenden Prinzipien. Einzig um Dich geht es hier und darum, was diese Zusammenhänge Dir über Dich selbst zu sagen haben. Darin liegt ihr Sinn und Zweck, denn alles, was ist, ist gegeben Dir zu dienen und Dir Erkenntnis über Dich selbst anzubieten.

Der einzige Grund also, warum Ihr Eure Luxusgüter toll findet, ist der, dass sie teuer sind. Sie sind nicht etwa deshalb teuer, weil sie schön und entsprechend begehrt sind, sondern sie gelten als schön und begehrenswert, weil sie Euch viel kosten. Alle anderen Gründe sind utopisch und dienen der Verschleierung der Wahrheit über Euch selbst. In der allumfassenden, bedingungslosen Liebe Gottes kann nur das Geschenkte begehrt sein. Nur das ist real, was aus Liebe ist, und das hat niemals einen Preis. In Gott ist es völlig unsinnig, bezahlen zu müssen, wofür auch immer, womit auch immer: Du bekommst, was Du bist. Du bekommst alles, denn Du bist lebendiger Teil von Alles-was-Ist.

Das wirklich Absurde am Konzept der Bezahlung ist nicht das dahinterstehende Prinzip des Energieaustausches, das völlig berechtigt und angemessen ist. Die Absurdität liegt vielmehr in der Unausgewogenheit, in der fehlenden

Balance: Um Gewünschtes zu bekommen, musst Du Ungewünschtes tun. Im Beispiel der materiellen Güter ist es der Umstand, dass Du mit Geld dafür bezahlen musst. Das Bezahlen aber ist so wenig erstrebenswert, weil Du Dein Geld teuer erkaufen musst. Diese Welt unterliegt dem kollektiven Wahn, man müsse sich Leben ›verdienen‹. Wir alle sind uns der irdischen Lebensbedingungen bewusst. Sie sind angemessen, weil weder willkürlich gewählt noch zu Eurem Schaden. All Eure Gesellschaftsformen rund um den Globus funktionieren über diese Grundidee, was jedoch nicht heißt, dass es unklug wäre, dieses Prinzip eingehend zu beleuchten und innerhalb des Kontextes Eurer wahren Identität an seinen rechten Platz zu stellen. Es geht nicht darum, die Dinge zu verändern, es geht darum, sie zu hinterfragen und sich selbst dadurch zu erkennen. Die Erkenntnis selbst führt immer und unfehlbar zur Veränderung.

Es geht um spirituelle Ursachenforschung und um die Erkenntnis dessen, was der Mensch über sich selbst glaubt. Da der Mensch in seinen Handlungen seinen Glauben über sich selbst ausdrückt, sollte er sich ihrer bewusst sein. Das im göttlichen Sinne absurde Glaubenskonzept, sich das Leben ›im Schweiße seines Angesichtes‹ verdienen zu müssen, ist zutiefst menschlich und kann nur im Ego Gültigkeit und Sinnhaftigkeit haben. Leben ist nicht etwas, das Du hast, sondern etwas, das Du bist. Es kann und muss nicht verdient werden, weil es Dein ewiges und göttliches Erbe ist und somit nicht verloren gehen kann. Wir alle kennen die diesbezüglichen Worte des Christus: Vögel ernähren sich von Samen, doch hat niemals einer von ihnen ein Korn ausgesät. Sie fürchten keinen Mangel, sie stellen ihren Wert und ihre

Daseinsberechtigung nicht infrage. Alles-was-Ist ernährt und erhält sogar die Kreaturen, die nicht das Bewusstsein haben, ihre Lebensberechtigung zu hinterfragen. Was also fürchtest dann Du?

*Leben ist Liebe und Liebe ist bedingungslos.*
*Also: Leben ist bedingungslos.*

Es gibt keine Grenze an Liebe, die Gott für Dich vorgesehen hat, es gibt keine ›Verdienstgrenze‹ für Dich, denn Gott liebt sich selbst bedingungslos und absolut in jedem seiner Aspekte. Es gibt keine Grenzen für Dich, außer jene, die Du Dir selbst auferlegst. Das Egokonzept der Trennung von der göttlichen Quelle konnte nur eine Welt hervorbringen, die glaubt, Leben müsse ›verdient‹ werden. Wenn das Leben sich von sich selbst abschneidet, ist dies die logische Folge, denn nunmehr ist es scheinbar auf Energie von ›außen‹ angewiesen.

Je tiefer Du Dir Deiner Verbindung mit Alles-was-Ist bewusst bist, umso unbeschwerter und angstfreier wirst Du Dein physisches und emotionales Leben nähren und erhalten wollen und können. Gott in Dir gibt immer nur Geschenke. In allem, was Du tust, manifestierst Du Deinen Selbstwert unfehlbar in dem Maße, in dem Du ihn anerkennst. Die Liebe Gottes hat keinen Preis. Sie ist für Dich, immer, überall und unter allen Umständen.

Dein Höheres Selbst weiß um die Bedingungslosigkeit Deiner Daseinsberechtigung. Alles, was ist, ist bedingungslos geliebt, sonst wäre es nicht und könnte niemals sein. Die Liebe der göttlichen Quelle ist das, was alles nährt und erhält, sie ist das, was alles Sein hervorbringt. In ihr ist jede Bedingung, die der Liebe vorausgesetzt wird, Illusion. Liebe kann keine Einschränkungen auferlegen und Forderungen stellen. Was Bedingungen stellt, kann niemals Liebe sein. Ego kann diese Liebe niemals nachvollziehen, da sie sich nur in der Einheit erkennen kann. Dein Höheres Selbst sichert Dir die ewige Anbindung an diese Liebe, es ist diese Liebe und sie weiß um sich selbst. Auch in der tiefsten Illusion kann Dir die Verbindung zur Wirklichkeit Deines Seins niemals wirklich verloren gehen. Liebe kann nur lieben.

*Liebe stellt keine Bedingungen, Liebe ist Bedingung.*
*Liebe ist die Bedingung der Bedingungslosigkeit.*

Meine liebe Freundin, mein lieber Freund, Dein biologischer Körper ist die heilige Brücke zwischen dem Geistigen und dem Physischen. Körper ist in Materie verdichtete Seele, nichts weniger als das. Dein Körper ist Deine unmittelbarste Verbindung zu Dir selbst innerhalb des physischen Ausdrucks. Diese Unmittelbarkeit Deiner Identifikation mit Deiner Physis ist es, die sie zum besonderen Interesse des Ego macht. Dein Körper ist die Spielwiese des Göttlichen, aber das Schlachtfeld des Ego. In kaum einem anderen Bereich zeigst Du Dir drastischer und klarer, wie es um Deinen Blick auf Dich selbst bestellt ist.

Es ist bezeichnend für eine Welt, die glaubt, Liebe bezahlen zu müssen, dass ausgerechnet dasjenige als schön gilt, was zum Preise der Selbstverachtung errungen wird. Auch hier gilt, dass erstrebenswert ist, was viel kostet, in welcher Form auch immer. Das angestrebte Ideal ist verkehrterweise das, was schwierig zu erreichen ist. Die Verherrlichung dessen, was nur unter Mühen, Qualen und Entbehrungen erreichbar ist, ist eine zutiefst menschliche Eigenart, die nur aus dem Ego kommen kann.

Das Göttliche, das nur liebenden Zweck anstreben kann, huldigt nur liebenden Mitteln, denn das Mittel ist so sehr Teil des Zwecks, wie der Weg Teil des Zieles ist. So ist es nur aus der verdrehten, absurden Sicht des Ego möglich, Menschen glauben zu machen, dass sie sich mehr lieben, wenn und indem sie sich Liebloses antun. Selbstverachtung und Angst vor Selbstliebe verzerren die Wahrnehmung des Offensichtlichen und so wird der augenfällige Widerspruch nicht mehr erkannt. Wie kannst Du Dich selbst lieben, wenn Du es nicht tust?

*Du kannst Dich niemals selbst lieben, indem Du Dir Liebloses antust.*

Du kannst Dich selbst nicht überlisten. Wer nach Süden will, der sollte nicht nach Norden gehen! Wer sich selbst verletzt mit dem Ziel, sich dadurch eher lieben zu können, ist wie einer, der in die Berge fährt und sich dann wundert, dass er nicht am Strand liegen kann. Selbstverachtung, die Dir vormacht, sie sei Liebe, spottet Deiner menschlichen Würde. Wo das Ego sagt:»Sei schön, dann wirst du geliebt!«, sagt das Göttliche:»Du bist schön, weil du liebst«. Du siehst nicht, wie schön Du bist. Wahre Schönheit kommt weder von außen, noch von innen. Schönheit ›kommt‹ von nirgendwoher, Schönheit ist einfach. Schönheit ist ein Attribut Gottes und somit Attribut seiner ganzen Schöpfung. Sie kann nicht

›hergestellt‹ werden, sie kann nur erkannt werden. Erkenne sie in Dir selbst und wage es, Dich zu lieben. Du hast keinen Grund, Dich nicht zu lieben, aber Du hast sehr wohl allen Grund, mit Bewunderung und Ehrfurcht auf Dich selbst zu blicken. Du bist Liebe. Wenn die Liebe sich nicht selbst liebt, höhlt sie sich selbst von innen aus, entfernt sich von ihrem ureigensten Wesen und kann sich selbst nicht erkennen als das, was sie ist.

Wenn Du Dich nicht liebst, verirrst Du Dich in Dir selbst auf der Suche nach Dir selbst. Was dann bleibt, sind all die verzerrten Wahrnehmungen und Erscheinungen von Liebe, die Dir Deine unselige Distanz zu Dir selbst noch erlaubt und ermöglicht. Du bist Dir selbst wahrlich der Nächste, weil Du Dir selbst der unmittelbarste Kontakt zu Gott bist. Und so ist es, dass die Liebe zu Dir selbst immer nur vor der Liebe zum ›anderen‹ Nächsten kommt und kommen kann.

Wenn wir so oft wiederholen und betonen, dass Du Dir selbst nie entfliehen kannst, dann gilt das für die Liebe ebenso wie für die Verurteilung. Es ist unmöglich, mit zweierlei Maß zu messen, wenn es auch noch so sehr danach aussehen mag. Es ist unmöglich, andere Wesen zu lieben, wenn Du Dich selbst verachtest. Du kannst immer nur von Dir selbst ausgehen, weil Du Dich selbst nie verlassen kannst. Weil Du niemals in einem anderen etwas erkennen kannst, was nicht in Dir selbst wäre, kannst Du auch nie irgendetwas ›außerhalb‹ Deiner selbst mehr lieben als Dich selbst.

*Alles ist Geist von einem Geiste:*
*Gott liebt sich selbst in Dir und durch Dich.*

Er blickt liebevoll auf seine Schöpfung, in der Er sich selbst in unendlicher Vielfalt ausdrückt. Gott blickt in Liebe auf sich selbst. Tue es ihm gleich!

»Die Selbstliebe macht uns
ganz und gar zu dem,
was wir sind.«
Claude-Adrien Helvetius

## 3. Irrtum:

# Die Angst vor dem Alleinsein

Die Furcht des Menschen vor sich selbst

M ein lieber Freund, meine liebe Freundin, der Mensch ist nie so einsam, so allein oder beides wie im Angesicht seiner selbst. In diesem Aspekt menschlich-irdischer Lebenserfahrung bündeln sich die grundlegenden Fragen menschlicher Selbsterfahrung in ihrer ganzen Dramatik. Der Glaube an eine von allen anderen losgelöste, isolierte Existenz ist Quelle, Ursprung und letztlich einziger Grund jeglicher denkbaren Leiderfahrung.

Die Natur von Alles-was-Ist ist Einheit, Ganzheit und nur, was dem natürlichen Zustand entspricht, kann jetzt und ewig die Erfahrung von Glück und Frieden hervorrufen. Dies bedeutet, dass der Möglichkeit menschlicher Glückserfahrung unter irdischen Bedingungen eine Grenze gesetzt sein muss, denn wahres Glück ist außerhalb der Wahrnehmung der Einheit mit der göttlichen Urquelle niemals möglich.

Nun, der Mensch, der inkarniert, weiß das und er ist wahrhaft hoch geehrt, sich der Trennungsillusion für die Dauer seiner Lebenszeiten entgegenzustellen. Nur weil der Mensch sich auf sehr tiefer, subtiler Ebene des illusionären Charakters der Abspaltung gewahr ist, ist Leben in dieser Form erträglich und überhaupt möglich. Das Höhere Selbst des Menschen, das um die Wahrheit weiß, stellt auch innerhalb der tiefsten Illusion das Aufdämmern der Wahrheit im Menschen sicher. Der ganze Verlauf des menschlichen Lebens ist geprägt von seinen Bemühungen, dieser Abspaltungswahrnehmung zu entfliehen und sie zu meistern. In *Des Menschen Wunsch und Gottes Wille* sind wir in diesem Zusammenhang auf die enorme Bedeutung der menschlichen Sexualität eingegangen. Die weit verbreitete Angst vor dem Alleinsein entspringt also unmittelbar der Diskrepanz zwischen der wahren einheitlichen Natur des Menschen und der dualen Wahrnehmung von Abspaltung. So berechtigt die Furcht vor dem Alleinsein aus Sicht der Egoillusion auch sein mag – aus Sicht des Ego ist jede Furcht berechtigt –, so unbegründet ist sie im Lichte der Wahrheit. Und so ist es auch hier wie mit jeder Furcht. Im Lichte der göttlichen Wahrheit, in der es keine Trennung geben kann, weil alles Teil des All-Einen ist, ist Einsamkeit ein Konzept ohne Sinn und Substanz. Wo alles eingeschlossen ist und es kein Außerhalb geben kann, kann auch nichts fehlen und entbehrt werden. Im Absoluten kann es kein Bedürfnis geben. Im Lichte Gottes betrachtet gibt es nichts, wovon Du nicht Teil wärest, nichts, das nicht in Dir selbst vorhanden, verfügbar und zugänglich wäre. Was also kann fehlen, wenn Du ›allein‹ bist?

*Was alles ist, genügt sich selbst.*

Der Mensch ist ein geselliges Wesen und sucht die Erfahrung der Spiegelung seiner selbst im anderen. Der Wunsch und das Bedürfnis des Menschen nach seinesgleichen sind ihm tief ins Herz gelegt und hier finden sich all seine Triebfedern für Selbsterfahrung. Die Forderung, der spirituell hochstehende

Mensch müsse sich in einer selbst auferlegten Einsamkeit wohlfühlen, wird weder seiner Natur noch seinem irdischen Anliegen gerecht. Dennoch entspricht die Unfähigkeit vieler Menschen, es ›allein mit sich selbst auszuhalten‹, genauso wenig seiner Wirklichkeit.

Wir haben den Irrtum der Angst vor dem Alleinsein an die dritte Stelle unserer Auflistung gesetzt, und zwar aus dem Grunde, weil die Auflösung und Enttarnung der beiden ersten Ängste die Auflösung dieser dritten bewirkt. Die Angst vor dem Alleinsein ist die direkte Folge des Glaubens an Mangel. Dieser Mangel wird als Folge der Illusion von Abspaltung und Trennung im eigenen Ich wahrgenommen: »Ich bin nur ich, klein und unbedeutend, weil getrennt und somit unvollständig und unvollkommen. Als Folge der Abspaltung von allem anderen kann ich nur ein begrenztes Etwas sein, all das, was die anderen sind, bin ich nicht ...«. Dies ist das Credo der Trennung und innerhalb der Dualität ist diese Art der Wahrnehmung bis zu einem gewissen Punkt unvermeidbar.

Meine liebe Freundin, mein lieber Freund, Gott lässt sich selbst niemals allein in der Dunkelheit und auch in der tiefsten Hoffnungslosigkeit des irdischen Alptraums von Einsamkeit und Verlust steht dem Menschen das Gewahrsein der Wirklichkeit göttlicher Einheit offen. Wie wir wissen, ist es Sinn und Zweck des Erdendascins, in die Wahrheit der göttlichen Wirklichkeit hinein zu erwachen und der Illusion den Schleier der Tarnung vom Antlitz zu reißen.

*Wie, wenn nicht in der Liebe, könnte sich die Furcht*
*vor dem Alleinsein als Irrtum zu erkennen geben?*

Im Angesicht der Liebe zeigt sich die Angst vor dem Alleinsein schließlich als das, was sie wirklich ist: Angst vor sich selbst. Sobald Selbstliebe vorhanden ist, löst sich die Angst vor dem Alleinsein in das Nichts auf, aus dem sie gekommen ist.

*Liebe heilt immer und ewig jeden Irrtum.*
*Liebe heilt alles.*

Was sich selbst genügt, das genügt sich jetzt. Was sich selbst liebt, das liebt sich jetzt. So Du Dich liebst, wie Du bist, hier, jetzt, bedingungslos, was soll Dir zu entbehren bleiben? Was fehlt dem zu seiner Vollständigkeit, der sich selbst liebt?

In der Liebe wird die Vollständigkeit erkannt als das, was immer schon da war. Gott hat sich selbst nie verlassen und so kann es auch keinem seiner Aspekte jemals an irgendetwas mangeln oder fehlen. Wenn alles innen ist, was bleibt dann außen zu suchen? Wo alles innen ist, gibt es kein Außen.

*Liebe macht nicht vollständig, Liebe ist die*
*Wahrnehmung der Vollständigkeit.*

Gott gibt sich selbst immer nur Geschenke. Die Zeiten, in denen der Mensch allein mit sich selbst ist, bieten ebenso wertvolle und kostbare Chancen der Selbsterkenntnis und Selbstliebe wie die Augenblicke der Gemeinschaft mit anderen. Im Alleinsein ist der Mensch sich selbst Spiegel und deshalb zeigt sich hier so unverblümt, wie es um seinen Blick auf sich selbst bestellt ist:

*Im Alleinsein mit sich selbst bleibt dem Menschen keine Illusion über seine Selbstwahrnehmung, in die er sich flüchten kann. Darin liegt der Segen des Alleinseins.*

Fürchtest Du den Blick in den Spiegel? Fürchtest Du, was Du dort siehst? Fürchtest Du, was Du dort zu sehen glaubst? Wenn das, was Du siehst, nicht ›gut‹ ist, dann sieh erneut hin. Sieh mit den Augen der Liebe auf Dich selbst, die Gottes Augen sind, denn nur so ist Dein Blick ungetrübt von Irrtum und Fehlwahrnehmung. Schlussendlich ist der Mensch immer allein – und auch wieder nie: Im anderen spiegelt und findet er immer nur sich selbst, es gibt nichts anderes zu finden. Ebenso ist er aber auch immer und unentrinnbar Teil der großen göttlichen All-Einheit. Wo alles eins ist und es kein ›Zweites‹, kein ›Anderes‹ gibt, ist er immer ›allein‹ und auch wieder nie. Wenn Du das nächste Mal allein mit Dir selbst bist, sieh nach, wer da ist, und heiße ihn in Liebe willkommen.

»Die wenigsten Menschen verstehen,
wie unendlich viel in der Einsamkeit liegt.«
Wilhelm von Humboldt

## 4. Irrtum:
# Die Angst vor Verurteilung

Wo kein Kläger, da kein Richter

M eine liebe Freundin, mein lieber Freund, sicherlich ist
Dir bewusst, dass wir die verschiedenen Irrtümer nur
rein theoretisch und zum Zwecke der Kommunikation
getrennt voneinander betrachten und erforschen. Im Grunde
und in Wahrheit bilden alle Irrtümer des Menschen eine Einheit, eine Art Netzwerk zusammengehörender und artver-
wandter Ideen und Fehlwahrnehmungen, die sich gegenseitig
bedingen, fördern, zu bestätigen scheinen und ineinander
greifen. Wie eine Art unseliger Kettenreaktion führt ein Irrtum unweigerlich zum nächsten. Tatsächlich gibt es nur einen
Irrtum:

*Den Glauben an die Trennung von Gott.*

Diese Egoillusion, die die Essenz selbst des Ego ist, zieht
unfehlbar alle anderen Aspekte der Trennungswahrnehmung
nach sich. Doch so wie der Irrtum absolut ist und sein muss,
so ist es auch die Wahrheit. In derselben Weise, in der ein Irrtum immer schon dem nächsten die Türe offen hält, so ist
auch jeder einzelne Aspekt der Wirklichkeit ein untrügerischer Fingerzeig auf alle anderen. Wie der Irrtum nach allen
Seiten gleichzeitig und gleichermaßen ausstrahlt, so dehnt

sich auch die Wirklichkeit gleichsam in alle Richtungen aus. So spielt es denn für Dich keine Rolle, an welchem ›Punkt‹ Du Dich befindest und mit Deinen Forschungen beginnst. Das Einzige, dessen Du Dir zweifelsfrei gewiss sein musst, ist, dass Du an einem Punkt der Wirklichkeit bist. Von einer wahren, korrekten Prämisse ausgehend, sind auch Deine Schlussfolgerungen richtig. Verfolgst Du die Spur des Irrtums, bleibt Dir der Irrtum auf der Spur. So Du jedoch die Spur der Wahrheit verfolgst, bleibst Du in der Spur der Wirklichkeit.

Mein lieber Freund, meine liebe Freundin, die Furcht des Menschen vor seinem Schöpfer ist so alt wie der bewusste Austritt aus der Einheitswahrnehmung von Alles-was-Ist und die unmittelbare und logische Folge davon. Was die Welt den ›Sündenfall‹ nennt, weil sie es so wahrnimmt, musste im Schuldwahn des Ego enden. Das Ego, geboren aus der Abspaltungsillusion, kann nicht ohne Schuldwahrnehmung sein, denn sein Sein entbehrt aus Sicht der Trennungsvorstellung nunmehr jeder Ursache. Innerhalb des Egokontextes, aber auch nur hier, ist diese Schlussfolgerung schlüssig und nicht unberechtigt: Von seinem Urheber, von seinem Schöpfer selbst getrennt, entbehrt das Ego nunmehr jeder Daseinsberechtigung.

Das Ego ist dem Wahn verfallen, eine Existenz außerhalb der Einheit des All-Einen, der Ursache und Hervorbringer von allem sein muss, was sein kann, sei möglich. In dieser maßlosen Selbstüberschätzung des Ego liegt seine ganze Stärke – und seine ganze Schwäche. Alles nur erdenkliche irdische Unglück strömt aus dieser fehlerhaften Selbsteinschätzung des menschlichen Ego. Was sich als Teil der göttlichen, allumfassenden Einheit wahrnimmt und erkennt, ist jenseits von Irrtum und Leiderfahrung. Die Illusion der Schuldfähigkeit, wie wir sie in *Des Menschen Wunsch und Gottes Wille* genannt haben, hat innerhalb der Einheitswahrnehmung keinerlei Sinnhaftigkeit.

*Was alles impliziert, kann nichts sein, das nicht angemessen wäre. Alles-was-Ist ist alles, was ist. Punktum.*

Was Er ist, das bist auch Du, denn sonst wäre Einheit nicht Einheit. Die Absolutheit des Göttlichen, die Vollkommenheit, die keine ›Ausnahmen‹ kennt, gewährt seine Berechenbarkeit: Was wirklich ist, das ist es vollkommen. Und so muss auch der Irrtum des Ego ein absoluter und vollständiger sein. Wenn Gott ist, kann Ego nicht wirklich sein.

Wirklichkeit und Illusion können niemals wahrhaft nebeneinander existieren: Die Existenz des einen hebt die Existenz des anderen auf und macht sie unmöglich. Wenn die Wirklichkeit wirklich ist, kann die Illusion nicht sein.

*Wenn Gott wirklich ist, kann Ego es nicht sein.*

Wo Gott als einzig gültige Wirklichkeit erkannt ist, hebt sich die Illusion der Schuldfähigkeit mit all ihren Konsequenzen unmittelbar auf. Wo sich das Bewusstsein seiner vollkommenen Einheit mit Gott und der sich daraus ergebenden absoluten Schuldunfähigkeit gewahr wird, kann keine Angst vor dem Schöpfer sein. Die Projektion von Schuld und ihre unmittelbare Folge, die Angst vor Sühne, werden im Angesicht der Liebe Gottes vollkommen substanzlos. In Ihm ist nur Bedingungslosigkeit sich selbst in all seinen Aspekten gegenüber vorhanden. Wo der Blick des Menschen auf sich selbst vom Schuldwahn des Ego getrübt ist, da bleibt Gott selbst sich über sich selbst allzeit vollkommen im Klaren. Gottes ungetrübter Blick auf Dich sieht nur seine eigene Vollkommenheit, die auch die Deine sein muss. Wenn es niemals etwas außerhalb Gottes geben kann, dann kann es auch nichts geben, dem nicht seine Eigenschaften innewohnen.

*Weil es nichts gibt, das nicht Gott ist, kann Er auch nichts anderes vervielfältigen als sich selbst.*

Wer sich selbst vor Gericht stellt, der stellt Gott vor Gericht. Das Jüngste Gericht ist nicht die Angelegenheit Gottes, das war es nie. Nicht im Himmel, sondern auf Erden waltet es Deines Amtes, denn Dein Ego führt den Vorsitz. Wer sonst könnte da sein, es zu tun? Die Auflösung der Schuldillusion wäre die Auflösung des Ego, denn wo keine Schuld ist, bleibt nur Liebe und in ihr wird immer göttliche Einheit erkannt. So ist das Ego schlussendlich lieber schuldig als gar nicht. Und so denkt es denn in Bezug auf den Schöpfer:»Traue keinem, der dich liebt. Wer weiß, was er sonst noch gegen Dich im Schilde führt.« *(Anm. der Verfasserin: Scherzhaft gesagt).*

60

## 5. Irrtum:

# Die Angst vor dem Scheitern

### Des Lebenskreises Ecken und Kanten

Mein lieber Freund, meine liebe Freundin, ein Leben in Menschengestalt ist kaum je einfach. Sowie Ihr inkarniert, ›vergesst‹ Ihr das Gewahrsein Eurer wahren Größe und Würde und Ihr wisst, was Euch bevorsteht und worauf Ihr Euch in zahllosen irdischen Lebenszeiten einlasst. Das Universum würdigt und gebietet Euch die Ehre, denn wahrhaft grenzenlos seid Ihr, die Ihr die Liebe habt, Euch bewusst in das Vergessen und die Illusion zu begeben, um aus der tiefsten Dunkelheit heraus zum Lichte, das Ihr wahrlich seid, zurückzufinden. Es gibt nicht ein einziges Menschenwesen auf dieser Erde, vor dem der Himmel sich nicht in Ehrfurcht verneigt, denn außerhalb dieser Dimension des Vergessens seid Ihr wahrhaft erkannt als diejenigen, die Ihr wirklich seid.

Es ist nicht einfach, Mensch zu sein, und genau das macht es so groß und unermesslich wertvoll für die Erkenntnis Gottes in Dir. Selbst das scheinbar misslungenste und vergeudeteste Leben ist ein göttliches Meisterstück und auch für den scheinbar Geringsten unter Euch ist außerhalb dieser Welt Verurteilung völlig unmöglich und sinnlos. Im Gewahrsein der Einheit mit Gott braucht es keinen Mut, denn dort sind weder Schuld noch Angst. Die Welt jedoch ist ein Ort der scheinbaren Trennung, des Chaos, der Lieblosigkeit und der

Angst. Der Mensch fürchtet die Hölle mit ihren Qualen und sieht nicht, dass er mittendrin ist.

Wenn ein Wesen sich von Gott getrennt fühlt, kann es sich nur in der Hölle befinden, denn es gibt keine andere als die scheinbare Trennung von der ewigen, unversiegbaren Quelle vollkommener Liebe. Eben aus genau diesem Grunde ist ein Menschenleben so hoch geehrt. Praktisch vom Tage Eurer Geburt an stellt Ihr Euch unendlich viele Herausforderungen in Euren Lebensweg, wobei es Euch wohl eher so scheinen mag, als ob sie sich Euch in den Weg stellen. Doch eben genau diese Herausforderungen sind der Weg.

Die Erfahrung der Dualität in der grobstofflichen Materie erlaubt Euch das Erleben Eures Seins in ganz spezifischer Weise, wie es außerhalb Eurer Wahrnehmungsebene mit nichts vergleichbar ist. Es ist sozusagen gleichermaßen menschliche Dummheit und göttliche Weisheit *(Anm. des Verfassers: Scherzhaft gesagt)*, sich seine Herausforderungen dort zu suchen, wo sie sind. Obwohl Ihr die ›großen Themen‹ des Lebens auf weiten Strecken gemeinsam habt, bedeuten sie für jeden Menschen im Einzelnen doch etwas vollkommen anderes.

Jeder Mensch ist sich selbst gleichermaßen Problem wie auch Lösung. Die ganz persönlichen Herausforderungen eines jeden liegen im Sosein des Einzelnen, in seiner ganzen Individualität mit all ihren Licht- und Schattenseiten. Der Mensch ist wie er ist, besser gesagt, wie er sein will und kann sich selbst niemals entfliehen. Durch seine karmische Prägung, seinen jeweiligen Lebensstempel, ›zwingt‹ er sich sozusagen, er selbst zu sein und sich selbst zu leben: Gottes Wille ist unwiderstehlich, ihm kann niemals nicht entsprochen werden. Des Menschen Leben definiert sich durch ihn selbst und manifestiert sich durch seine Spiegelungen.

Meine liebe Freundin, mein lieber Freund, des Menschen Angst vor dem Leben ist vor allem Angst vor Leid und nicht zuletzt die Furcht vor dem Scheitern. Es liegt uns sehr am Herzen, Dir ein Gespür dafür zu vermitteln, dass göttlicher Wille niemals umgangen oder unterlaufen werden kann.

*Göttlicher Wille kann niemals umgangen oder unterlaufen werden.*

Nichts kann Dich so sehr zum Frieden mit Dir selbst führen wie das Verständnis und die Anerkennung dieser Wahrheit. Niemand kann göttlichen Gesetzen nicht entsprechen. Gottes Gesetze sind absolute Gesetze der Liebe, deshalb können sie nicht missachtet werden. Gott hat die Möglichkeit des Scheiterns auf dem Weg nach Hause in die Einheit nicht vorgesehen und somit nicht erschaffen. Und so ist es innerhalb und mit der Dualität genau wie mit allen anderen göttlichen Gesetzen:

*Wie auch immer Du Dich entscheidest, in gleich welcher Situation, Du entscheidest immer richtig.*

Es gibt nur ›Richtig‹. Also schließe endlich Frieden mit Dir und gebe Dir selbst freies Geleit durch Dein Leben.

Um diese Wahrheit erkennen zu können, musst Du Dich von Deinen selbst auferlegten Anforderungen lösen. Es gibt kein ›Falsch‹. Falsch ist dasselbe wie Richtig, nur ›von der anderen Seite aus betrachtet‹. Du entscheidest Dich dafür, von welcher Seite aus Du schauen willst.

Wenn zwei Menschen aus verschiedenen Blickwinkeln auf ein und dasselbe schauen, dann kann es mitunter geschehen, dass der eine es als richtig, der andere als falsch erkennt. Dies ist häufig der Fall, die Welt kann wahrlich ein Lied davon singen: Was junge Leute richtig finden, finden alte Menschen falsch – und umgekehrt. Was Christen gut finden, finden Moslems böse – und umgekehrt. Was Frauen richtig finden, finden Männer falsch – und: Ihr wisst schon. *(Anm. der Verfasserin: Scherzhaft gesagt.)* Ihr könnt Euch diese Aufzählung selbst noch lange ergänzen. Und immer steht Ihr letztlich vor der Frage der Fragen: Wer hat recht? Nun, aus der individuellen Wirklichkeit des Erlebenden heraus hat immer jeder recht. Also niemand? Das ist dasselbe, auch das ist Dualität. Alles ist eine Frage des individuellen Erlebens und der persönlichen Sichtweise. Darin liegt die göttliche Schöpferkraft begründet. Da sich jeder Mensch seine Realität selbst erschafft, gibt es so viele Realitäten, wie es Menschen gibt.

Ihr seid Euch zumindest auf den ersten Blick ziemlich sicher darin, dass die meisten Menschen auf der Welt dieselbe Vorstellung davon haben, was gut und was böse ist. Ihr könnt Euch nur schwer vorstellen, dass ein anderer Mensch diese fundamentalen Dinge in anderer Weise empfinden kann, als Ihr selbst es tut. Jeder ist sich selbst das Maß aller Dinge und eher, als dass ein anderer ein anderes Konzept von Gut und Böse hat, denkt Ihr, dass andere das Böse bewusst und willentlich tun. Nun, dem ist nicht so. Nur Du kannst denken, fühlen und handeln wie Du, nur Du kannst Du sein. Das, was Du bei Deinem Mitmenschen als Missetat verurteilst, erlebt derjenige, der es tut, vor einem völlig anderen Seins- und Handlungshintergrund. Selbst dann, wenn ein Mensch offen zugesteht, ›Böses zu tun‹, so rechtfertigt er seine Handlung doch vor sich selbst allein dadurch, dass er sie begeht. Trotz aller unbestreitbaren Gemeinsamkeiten in Euren kollektiven Wertvorstellungen, sind die Unterschiede doch auch unübersehbar. Wer behauptet, dass Ihr Euch doch zumindest in den grundsätzlichen und bedeutenden Fragen des menschlichen Lebens, wie z.b. die Frage der Menschenrechte, einig seid, der muss sich die Frage gefallen lassen, für wen Ihr sie dann aufschreibt.

Nun, mein lieber Freund, meine liebe Freundin, auch in den weit weniger spektakulären Lebensbereichen bieten die individuellen Diskrepanzen die Reibungsfläche jeglicher Erdenerfahrung, sie sind sozusagen das Bühnenbild inmitten dessen Du Deine Lebensrolle spielst. Da es in Gott kein Scheitern gibt, ist das Richtige für Dich immer das, was Du tust. Es ist gleichgültig, für welchen Lebensweg Du Dich entscheidest, Deine Wahl ist zeitlich wie auch inhaltlich immer in völliger Synchronizität mit Dir selbst.

Jeder Lebensweg ist genau der richtige – für denjenigen, der ihn geht. Die Dualität ist Euch gegeben, dies zu erkennen, für Euch selbst wie für all Eure Mitmenschen.

*In dem Augenblick, in dem Du die Verurteilung Deiner selbst aufgibst, machst Du Deiner Angst vor dem Leben ein Ende.*

Wie könnte man Wirklichkeit definieren, stellt sie sich doch für jeden anders dar? Gott gibt Dir die uneingeschränkte Frei-

heit, durch so viele selbst geschaffene Realitäten hindurchzu-
gehen, wie Du es willst. Dies wirst Du so lange tun wollen, bis
Du Dich schließlich entscheidest, zur ewig gültigen Wirklichkeit von Alles-was-Ist zu erwachen. So gereicht Dir all
das, was Dir widerfährt, immer und ausnahmslos zum Segen,
dient es doch dem Erkennen Deiner selbst und damit Deiner
tiefsten, ja, Deiner einzigen Sehnsucht.

So Du die Verantwortung für Dein Leben, Deine Realität
übernimmst, förderst Du in machtvollster Weise Deine Rück-
kehr in die ewige Heimat Gottes. Wenn Du innerhalb der Verantwortung die Wertung und Verurteilung Deiner selbst und
des anderen aufhebst, kannst Du Dich selbst erkennen. Mit
diesem Blick auf Dich selbst, bemutterst Du Dich selbst und
kannst alsdann auch anderen wahre Milde und Güte entge-
genbringen. Nur wer milde mit sich selbst ist, kann es auch
mit anderen sein, denn niemand kann sich selbst entkommen.

Wir haben in *Des Menschen Wunsch und Gottes Wille*
gesehen, dass Spiegelung immer vollkommen ist. Du kannst
niemals nicht Spiegelung hervorrufen, genauso wenig wie
Du anderen, die mit Dir in Berührung kommen, nicht Spiegel
sein kannst. In diesem Sinne, aber auch nur in diesem Sinne,
bist Du im Laufe des Lebens sowohl ›Opfer‹ als auch ›Vollstrecker‹. Nun, niemand möchte gerne eines anderen Scharf-
richter sein und doch wäre Spiegelung nur bruchstückhaft,
wenn dem nicht so wäre.

Selbsterkenntnis ist nur möglich, wenn Spiegelung ausnahmslos, allumfassend und realitätsgetreu ist. Jeder Mensch
ist für sich selbst in seinen Gedanken, Gefühlen und Handlungen völlig schlüssig und integer. So sehr ein Mensch sich
auch selbst für seine Taten verurteilen mag, so ist er in seinem
Tun doch immer ganz er selbst, ungeachtet des eigenen Wert-

urteils. Sein eigenes Sosein bewirkt sein Tun, denn anders ist Handlung, Bewegung, nicht möglich. Wenn aber jeder der ›Gute‹ ist, wer ist dann der ›Bösewicht‹? Wo ist der andere Pol, die Kehrseite derselben Medaille? Du bist des anderen Vollstrecker einfach ›nur‹ durch Dein Sosein. Dies ist die Unfehlbarkeit göttlichen Spiels mit sich selbst. Es geht nicht um Bewertung und erst recht nicht um Verurteilung. Es geht einzig um Deine göttliche Schöpferkraft und darum, wie Du sie in Deinem Leben manifestierst. ›Vollstrecker-sein‹ hat nichts zu tun mit Boshaftigkeit und willentlichem Zufügen von Leid, zumindest nicht zwingend. Es ist von fundamentaler Bedeutung, dass Du Dich von Selbstverurteilung freimachst, die der Grund für all Deine Angst vor dem Scheitern ist. Wenn Du Dir in vorbehaltloser Liebe zu Dir selbst Deiner Göttlichkeit bewusst bist, wirst Du auch andere nicht länger verurteilen, denn wisse:

*Du kannst niemandes Göttlichkeit aberkennen, ohne Deine eigene zu verleugnen und Du kannst niemandes Frieden bedrohen, ohne Deinen eigenen zu verlieren.*

Im Frieden mit Dir selbst findest Du unfehlbar zum Frieden mit der Außenwelt. In dem Maße, in dem Du Deine Verantwortung und Macht für Dein Leben freudig und mit vorbehaltloser Liebe zu Dir selbst anerkennst, kannst Du ebenfalls den anderen liebevoll bei sich selbst lassen. Mensch, lasse Dir nie von einem anderen sagen, was für Dich richtig und was möglich ist. Und – sage es keinem anderen.

# 6. Irrtum:

# Die Angst vor der Macht

## Des Göttlichen irdisches Exil

Meine liebe Freundin, mein lieber Freund, es ist niemals möglich, ein Problem auf einer anderen Ebene zu lösen als auf der Ebene seiner Entstehung. Angst ist immer nur dort möglich, wo ein Bewusstsein sich als einen von seinem Schöpfer separat existierenden Teil erfährt. Die Anerkennung Deiner göttlichen Quelle ist für Dich so schwierig und mit Furcht behaftet, weil sie die allumfassende Erkenntnis Deiner Kraft und Macht als schöpferisches Wesen impliziert. Du bist so tief in Deiner Illusion der Machtlosigkeit und damit des Opferseins verstrickt, dass es Dir schwerfällt, Dich erkennen zu wollen als das, was Du wirklich bist.

Menschen glauben im Allgemeinen, es erfordere sehr großen Mut, sich selbst alle schöpferische Macht zurückzugeben, sie anzuerkennen und somit die uneingeschränkte Verantwortung für ihr Schicksal zu übernehmen. Tatsächlich ist es aber so, dass es weitaus mehr Mut braucht, sich als Opfer äußerer Willkür zu erfahren, das nur bedingt Einfluss auf seine Geschicke nehmen kann. Es ist sozusagen ›vorprogrammiertes‹ Leid und Du, Mensch, bist wahrhaft bewundert und verehrt für Deinen Mut, Dich selbst zu verlassen, um wieder zu Dir zurückzufinden. Nichts anderes gibt es jetzt und ewig für Dich zu tun. Nichts anderes kann da jetzt und ewig zu tun sein, als Dich selbst zu erkennen als der, der Du wirklich bist. Nichts anderes bist Du, als ein Teil, eine heilige Eigenschaft Gottes, sich selbst ewig neu und doch immer gleich erschaffend als Alles-was-Ist. Du lebst in dieser Welt, aber Du bist nicht von dieser Welt. Die tief empfundene Akzeptanz dieser Wahrheit ist Voraussetzung für die Anerkennung Deiner göttlichen, schöpferischen Macht. Die Welt verschleiert und verleugnet diese Macht, das ist ihr Zweck, doch das Bewusstsein Deiner Herkunft offenbart sie. Jede wahre Macht und damit jede wirkliche Autorität kann nur vom Göttlichen Selbst ausgehen. Nur das Göttliche Selbst kann über das Ego-Selbst herrschen. Nie will ein Mensch, der wahrhaft Autorität besitzt, mehr als sich selbst regieren. Jeder, der glaubt, es gäbe etwas anderes zu beherrschen als sich selbst, fällt einer Egoillusion zum Opfer.

Menschen stehen dem Prinzip von Autorität und damit auch allen Menschen, die es in irgendeiner Weise verkörpern meist sehr zwiespältig gegenüber. Einerseits wird Macht in Eurer Welt sehr bewundert, andererseits aber fürchtet Ihr sie und verurteilt diejenigen, die sie innehaben. In diesem Zwiespalt wachst Ihr alle auf und im Laufe des Lebens in ihn hinein. Euch wird gelehrt, die Mächtigen der Welt gleichzeitig zu respektieren und zu verachten. Dies ist eine unsinnige Forderung, denn respektiert sein kann nur, was geliebt wird, und verachtet sein kann nur, was gefürchtet wird. Diese Ambivalenz der Gefühle bezüglich Autoritäten spiegelt Euren inneren Zwiespalt bezüglich Euren inneren, geistigen Machthabern: Wem verleihst Du Autorität, Deinem Höheren Selbst oder aber Deinem Ego-Selbst? Der äußere Konflikt kann nur einem inneren entstammen.

*Es gibt keine Herrschaft zu etablieren, denn sie ist
Dir schon gegeben. Es gibt nichts zu erreichen – es
gibt alles zu erkennen.*

Der Mensch dient und unterwirft sich demjenigen, dem er
wirklich Macht zuschreibt. Mit anderen Worten: Der Mensch
dient dem, an den er glaubt. Macht ist göttliches Seinsprinzip
und so wohnt jedem Menschen der Wille zur Macht zutiefst
inne. Kinder zeigen dies sehr deutlich im Spiel, bevor ihnen
beigebracht wird, dass Machtstreben nur ›bösen‹ Menschen
anhaftet. Doch Macht und die natürliche Freude an ihr sind
wahrhaft göttlich.

*Freude an der Macht ist Freude am Sein.
Freude an Macht ist Lebensfreude.*

Mein lieber Freund, meine liebe Freundin, Ihr könnt Euch das
Konzept von Macht und damit von wahrer Verantwortlich-
keit nur schwerlich losgelöst von der Schuldillusion des Ego
vorstellen. Die Angst vor Scheitern, Versagen, Fehlen treibt
Euch geradewegs in die Fänge der machtvollsten aller Ego-
fallen: die Schuldillusion.
Schuldgefühl ist nicht dasselbe wie Unrechtsbewusstsein.
Wahre Gerechtigkeit ist eine Frage der Weisheit. Weisheit
aber ist immer und ausnahmslos eine Frage der Liebe. Wenn
Du wahrhaft gerecht sein willst, musst Du Dich selbst akzeptieren, ja, lieben, so wie Du bist. Alle Ungerechtigkeit der
Welt entstammt im Keime dem Mangel an Liebe zu sich
selbst. Wer sich selbst zugesteht, was er ist, der wird es auch

jedem anderen zugestehen können und wollen. Niemand kann sich selbst entfliehen und seinem Mitmenschen mehr einräumen, als er sich selbst zu geben bereit und in der Lage ist. Du magst glauben, ein Mensch ›ohne Gewissen‹ sei ein skrupelloser Anarchist. Nun, meist ist es gerade das sogenannte Gewissen, das ihn genau dazu macht. Ein wahrhaft gewissenhafter Mensch ist einer, der sich seines Eigenwertes bewusst ist und sorgsam, fürsorglich und milde mit sich selbst umgeht. Aus dieser liebevollen Fürsorge für sich selbst erwächst unweigerlich dieselbe Fürsorge für seinesgleichen und die ganze Schöpfung. Niemand kann sich seines eigenen, gottgegebenen Wertes bewusst sein, ohne denselben Wert im anderen zu erkennen. Nur innerhalb dieses Rahmens und so verstanden ist das Gewissen ein aufbauendes Konzept.

Ihr Menschen habt in Eurem Gewissen nur selten einen verlässlichen Freund, der Euer Werden und Wachsen liebevoll überwacht und unterstützt. Vielmehr habt Ihr Eurem Gewissen erlaubt, sich über Gott zu erheben, denn nichts anderes tut es, wenn es Euch Schuld vorgaukelt: Aus dem Diener des Göttlichen in Dir hat das Ego dessen Leugner gemacht, den Judas, der Deine göttliche Unschuld verrät und Dir gleichzeitig Wohlwollen heuchelt.

»Der Geist baut das Luftschiff,
die Liebe aber macht es gen Himmel fahren.«
Christian Morgenstern

## 7. Irrtum:

# Die Angst vor der Angst

Wenn die Starre vor dem
Schrecken kommt

M ein lieber Freund, meine liebe Freundin, kaum etwas versetzt den Menschen so sehr in Angst wie die Angst. Tatsächlich lässt die Aussicht auf Angst die Menschen schon im Vorfeld vor Furcht erstarren. Nichts ist so sehr verständlich und berechtigt – und nichts ist doch so unbegründet. Wir haben viel über die illusionäre Natur der Angst gesprochen. Da der Angstwahn eine Fehlwahrnehmung des Ego ist, geboren aus dem Glauben an Trennung von Alles-was-Ist, kann Furcht niemals wirklich berechtigt und angemessen sein. Wie könnte jemals berechtigt sein, was nicht wirklich ist? Was jeglicher Wirklichkeitssubstanz entbehrt, kann im Grunde und in Wahrheit noch nicht einmal sinnvoll zur Diskussion gestellt werden. Es ist absurd, zur Diskussion zu stellen, was nicht wirklich ist. Wenn wir es dennoch tun – und in diesen Aufzeichnungen tun wir nichts anderes –, dann aus dem Grunde, dass Du Dir der Unwirklichkeit der Angst nicht gewahr bist.

Die ganze Macht der Angst und damit des Ego, beruht auf Deiner Anerkennung ihrer Gültigkeit. Angst ist, im wahrsten Sinne des Wortes, der schreckliche, furchtbare Alptraum des irdischen Menschenlebens.

Angst ist ein Alptraum, eine Illusion, eine Fehlwahrnehmung, denn im ›richtigen‹ Leben bist Du ewig außerhalb
jeglicher möglichen Bedrohung und Gefahr.

Das ›richtige‹ Leben kann nur die Einheit mit der göttlichen Quelle sein, die allezeit und überall Gültigkeit hat und
Deine einzige Wirklichkeit ist. Gott ist nicht abhängig von
Raum, Zeit, Dimension oder Wahrnehmung: Was wirklich
ist, das ist es ewig oder aber ist es nie gewesen. Was könnte
den bedrohen, der Teil ist von Alles-was-Ist? Was alles einschließt, kennt kein Außen, nichts, das nicht Teil der Einheit
wäre. Jede Furcht könnte also immer nur Angst vor sich selbst
sein. Dies macht Furcht im Lichte der göttlichen Wahrheit auf
ewig zu einem völlig sinnlosen und absurden Konzept. Was
oder wen sollte Gott fürchten, da doch alles und jedes nur
immer Er selbst ist und sein kann?

*Wo keine Spaltung ist, kann keine Angst sein.*

Die Wahrnehmung von Angst ist also zwingend abhängig von
der Illusion der Spaltung. Niemals kannst Du fürchten, womit
Du Dich einig fühlst, das ist vollkommen unmöglich. Nur
dasjenige, was Du als Teil Deiner selbst erkannt hast, was
also integriert ist, kannst Du als Einheit mit Dir selbst empfinden und wahrnehmen. Was immer Dich in Angst versetzt,
das muss als außerhalb von Dir selbst wahrgenommen sein,
sonst könnte es Dich niemals das Fürchten lehren.

Meine liebe Freundin, mein lieber Freund, wie wir bereits
festgestellt haben, ist Angst deshalb die unerträglichste und
fürchterlichste aller Empfindungen, weil sie am weitesten

entfernt ist von Deiner wirklichen Natur. Mit anderen Worten:

*Du bist nie so wenig Du selbst wie im Zustand der Angst. Das macht sie so schmerzhaft.*

Dieser Aspekt macht Deine Angst vor der Angst so nachvollziehbar und verständlich: Angenehme Gefühle sind nun mal angenehmer als unangenehme. *(Anm. der Verfasserin: Scherzhaft gesagt.)* Die Illusion innerhalb der Dualität wirkt wahrhaft ›täuschend echt‹, das muss sie, sonst würde sie Deinen Zweck verfehlen. Die Welt der Materie lässt Angst sehr gültig und berechtigt erscheinen. Die Dunkelheit ist eben nur dunkel, wenn sie dunkel ist, und der Mensch ist grenzenlos groß, sich dieser Herausforderung zu stellen. Das Einzige, das jemals Licht in dieses Dunkel von Furcht und Schrecken bringen kann, ist die Wahrnehmung der ewig gültigen Wirklichkeit. Die Erkenntnis der Wahrheit über Dich ist das Erwachen aus dem Alptraum und damit das Ende des Schreckens, denn wo eine Illusion als solche erkannt ist, hat sie alle Macht verloren.

Nun, mein lieber Freund, meine liebe Freundin, bis es ›so weit‹ ist, solltest Du Dir bewusst sein, dass Du selbst es bist, der den irdischen Traum vom Leben zum Alptraum macht, indem Du der Angst Berechtigung und Wirklichkeitsgehalt zusprichst. Die Angst vor der Angst kannst Du beherrschen oder Dich von ihr beherrschen lassen. Du übernimmst die Herrschaft über sie in dem Augenblick, in dem Du Dir bewusst machst, dass Du es bist, der sich für oder gegen die Angst entscheidet. Es ist Deine Wahl, Deine Entscheidung, und niemand ist da, der sie Dir aufzwingt. Und selbst wenn es Dir nicht gelingen sollte, Dich für die Wahrheit und gegen die Angst zu entscheiden, so kannst Du ihr doch den Stachel brechen, indem Du Dir bewusst bleibst, dass Du Dich ein weiteres Mal in Deiner Wahl geirrt haben musst.

In jedem Augenblick Deines Seins bietet sich Dir die Wahrnehmung von Angst oder von Liebe an. Das Ego bietet Dir immer nur Angst, weil es Angst ist. Es kann nur Angst sein, da es sich von der Urquelle getrennt und verlassen wähnt. Dein Göttliches Selbst, das Gewahrsein der Wahrheit in Dir, wird ewig nur in Richtung der Wahrheit und damit der Liebe zeigen. In der Liebe zu Dir selbst kannst Du den Schlüssel zum rechten Umgang mit Deiner Angst finden. Wo anders könnte er zu finden sein?

*Wenn Du Angst hast, liebe Dich mit Deiner Angst und gebiete Dir die Ehre. Und wisse, dass Du Dich irrst.*

Liebe Dich mit aller Gewalt – mit aller Gewalt, die Du Dir selbst antust. Mehr Gewalt als Angst kannst Du Dir nicht antun.

Das Wissen darum, dass Du Dich irrst, wird Dir die Angst nicht nehmen. Aber es wird Dir die Angst vor der Angst nehmen. Lerne von Dir selbst. Wenn Du die Angst nicht mehr fürchtest, kannst Du ihr direkt ins Gesicht sehen und sie erkennen als das, was sie ist und immer schon war: Nichts als ein substanzloser Irrtum über Dich selbst. Wenn Du es wagst, dem Tiger aus nächster Nähe direkt ins Auge zu sehen, wirst Du Dich selbst darin erkennen.

# 2. Teil

## Die Verbündeten der Angst

### Die Identifizierung ihrer Komplizen

# Der Zweifel

Die Sabotage des Selbst

Meine liebe Freundin, mein lieber Freund, wenn Du Dich im Kampf befindest, tust Du gut daran zu wissen, wer für und wer gegen Dich ist. Der machtvollste Helfer, den das Ego und damit die Angst gegen Dich aufzubieten hat, ist Dein Zweifel an Dir selbst. Dies dürfte Dich nicht wundern. Bewusst-Sein bedeutet, um sich selbst zu wissen.

*Wer im Unklaren darüber ist, was er ist, der zweifelt schlussendlich daran, dass er ist.*

Andererseits weißt Du nur in dem Maße, dass Du bist, in dem Du weißt, was Du bist. Alles andere ist Illusion von Bewusstsein. Die Angst, so wie sie sich Dir in Deiner Welt der materiellen Erscheinungen darstellt, scheint immer und ausnahmslos begründet und damit berechtigt.

Wie wir gesehen haben, ist es Sinn und Zweck der Illusion, real zu erscheinen, denn wenn das Dunkel nicht dunkel ist, dann ist es keine Dunkelheit. Das Einzige, was Du der Dunkelheit in der Welt der illusionären Spaltung entgegenzusetzen hast, ist das Licht der Einheit. Was sonst könnte eine Illusion berichtigen als die Wirklichkeit?

Wir haben in *Des Menschen Wunsch und Gottes Wille* und auch hier viel über die Essenz der Angst gesprochen. Wie wir wissen, ist Furcht nichts anderes, als das Nicht-Gewahrsein der göttlichen Liebes-Allgegenwart. Wenn Du aus dem Bewusstsein Deiner wirklichen Natur heraus lebst und agierst, bist Du Dir Deiner selbst im wahrsten Sinne des Wortes bewusst: Du weißt um Deine Wirklichkeit. Dies bedeutet, dass Du in Deiner eigenen Mitte bist, die nichts anderes als die Wahrnehmung der Einheit mit der göttlichen Quelle ist. Gottes Zentrum, die göttliche Mitte, ist überall dort, wo sie wahrgenommen wird. Du bist mit Dir ›im Reinen‹, weil Dein Blick auf Dich selbst ungetrübt und unverfälscht ist. Im Bewusstsein Deiner selbst, das nur das Bewusstsein Gottes in Dir sein kann, bist Du immer im Frieden.

*Frieden kann nur dort sein, wo Gott ist.*

Wenn Du im Frieden bist, bist Du immer bei Dir selbst angekommen, weil Du bei Gott angekommen bist. Frieden ›außerhalb‹ Gottes, außerhalb seiner Wahrnehmung, ist vollkommen unmöglich.

Mein lieber Freund, meine liebe Freundin, das Ego kann mit dem Konzept des Friedens nichts anfangen, weil Ego selbst der Glaube an Spaltung und Trennung von Gott ist. Das Ego ist immer in Aufruhr, Unruhe, Unvollständigkeit, Disharmonie und Angst.

*Das Ego steht nicht in Widerspruch mit Deiner göttlichen Wirklichkeit. Es ist dieser Widerspruch.*

Das Bestehen der Egoillusion auf Wirklichkeitsanspruch, also die Erhaltung seiner scheinbaren Gültigkeit und Daseinsberechtigung hängt maßgeblich davon ab, Dich erfolgreich von der Erkenntnis der Wahrheit über Dich zu entfernen. Das Ego sät immer den Keim des Zweifels an Gott in Dein Herz und somit den Zweifel an Dir selbst. Der Zweifel ist der machtvollste Gehilfe der Angst, weil er aus Dir selbst kommt, also weil er Deiner eigenen Entscheidung gegen die Wahrheit über Dich entspringt:

*Selbstzweifel ist Selbstsabotage.*

An dieser Stelle sei betont, dass hier nicht etwa die Rede ist von menschlichen Zweifeln an gewissen Fähigkeiten oder Eigenschaften der Persönlichkeit. Der Zweifel, dessen sich das Ego nur allzu gerne bedient, um den Menschen in Verwirrung und Unklarheit über sich selbst zu stürzen ist viel grundlegender. Es geht um den Zweifel an Dir selbst im fundamentalen Sinn des Wortes: Den Zweifel an Deinem Ursprung und somit an Deiner Identität.

Es geht um den Zweifel an der Göttlichkeit Deines Wesens, den Zweifel an Deiner ewigen Verbundenheit mit Alles-was-Ist. Es geht um den Zweifel an Deinem Selbstwert. Hier ist die zerstörerischste aller Waffen gegen Dich selbst zu finden, denn nur das, was Du anerkennst, kannst Du wahrnehmen. Deinem freien Willen und Deiner Schöpferkraft sind keine Grenzen gesetzt. Dies impliziert, dass Dein gottgegebener Selbstwert sich Dir nur in dem Maße offenbaren kann, wie Du ihn Dir zugestehst. Du kannst nicht erleben, was Du nicht erleben willst, Du kannst nicht wahrnehmen, was

Du nicht für möglich hältst. So erschaffst Du Deine persönliche Realität. Wer seinen eigenen Wert infrage stellt, der sabotiert sich selbst und boykottiert die Gotteswahrnehmung. Was Gott verbunden hat, das kann der Mensch nicht trennen.

Der menschliche Selbstwert, dein Selbstwert und der Wert von Gott-Selbst sind ein und dasselbe: Was eins ist kann auch nur einen selben Wert haben. Wo Selbstzweifel herrschen, entziehst Du der Wahrnehmung der Wirklichkeit allen Boden unter den Füßen. So Du Dir Selbstzweifel erlaubst, spielst Du der Illusion der Angst direkt in die Hände, weil Du die Wirklichkeit mit Füßen trittst. Meine lieben Freunde, dies ist nicht die Art von körperlicher Betätigung, die Euch dienlich ist. *(Anm. der Verfasserin: Scherzhaft gesagt.)* Es ist jetzt und ewig vollkommen unmöglich, Deinen eigenen Wert vom Wert Deines Schöpfers zu trennen und isoliert zu betrachten. Isolation ist Spaltung und somit ein trügerisches Egokonzept. Die Überwindung des Angstphantoms ist abhängig vom Gewahrsein und der Anerkennung der Wirklichkeit, die nur die göttliche Einheit sein kann.

*Was könnte eine Illusion entmachten, wenn nicht die Erkenntnis, dass sie eine ist?*

Angstüberwindung, besser gesagt die Wahrnehmung ihrer Ungültigkeit, steht Dir in dem Maße offen, wie Du Dich selbst erkennst und anerkennst als das, was Du wirklich bist. So Du es wagst, den Zweifel über Dich selbst in Zweifel zu ziehen, machst Du den Verbündeten der Angst zum Verbündeten der Wirklichkeit Gottes, die die Deine ist. Die Wahrheit

über Dich spottet jeder Angst und jedem Argument, welche
das Ego und die Welt auch immer für Furcht vorbringen könnten. Gott in Menschenhaut, verwehre Dir nicht, dies zu erkennen!


»Das Spiel des Lebens sieht
sich heiter an, wenn man den
sichern Schatz im Herzen trägt.«

Friedrich von Schiller

## 2. Verbündete:

# Die Zeit

### Der Brennpunkt aller Macht

M ein lieber Freund, meine liebe Freundin, der zweite Helfer der Angst ist die Zeit. Dem ist aus dem einfachen Grunde so, weil Ihr die Zeit zu diesem Zweck nutzt oder, besser gesagt, missbraucht.

Alles und jedes ist Euch gegeben, Euch zu dienen in der Art und Weise, wie immer Ihr Euch der Dinge bedienen und sie nutzen wollt. In dieser Welt der Dualität kann alles Euch gleichermaßen zum Segen wie zum Fluche gereichen, so wie es der freie Wille des Menschen will. Die Dinge haben den jeweiligen Nutzen, den Ihr ihnen verleiht und zusprecht. So ist es auch mit der Zeit.

In *Des Menschen Wunsch und Gottes Wille* haben wir gesehen, dass alles, was nicht in und mit Liebe gebraucht wird, missbraucht ist. Nun, wenn Ihr Ängste, Befürchtungen und Sorgen hegt, dann verlagert Ihr sie üblicherweise in die Zukunft. Ihr missbraucht die Zeit, um Euch über Euch selbst zu täuschen. Jede Entscheidung für die Angst ist ein Akt der Selbstverletzung, weil sie eine aktive Handlung der Verleugnung Deiner wahren göttlichen Identität ist. Immer dann, wenn Du Dich für Angst entscheidest, wenn Du entscheidest, ihre Gültigkeit und Berechtigung anzuerkennen, greifst Du die Wahrheit über Dich an. Jede Entscheidung für die Furcht ist ein Angriff auf die Wahrnehmung des Göttlichen in Dir.

Der Wille zur Angst verleugnet die göttliche Identität auf allen Ebenen gleichzeitig: Angst spricht Dir Deine natürliche schöpferische Macht der Schaffung von Realität ab und gaukelt Dir Trennung vor, weil Bedrohung von ›außen‹ möglich scheint. Nie ist das Ego so in seinem Element, Angst ist sein Element:

*Angst ist das Element des Ego, so wie Liebe das Element des Göttlichen ist.*

Nie scheint das Ego so wirklich, so real, wie in der Entscheidung zur Angst. Illusion wird nicht dadurch wirklich, dass sie sich dafür hält. Gott sei Dank!

Ebenso löst sich Wirklichkeit nicht dadurch auf und wird unwahr, weil sie nicht als solche erkannt wird. Wie wir wissen, ist Deine göttliche Identität im Schöpfer selbst auf ewig gesichert, denn Gott kann niemals aufhören, Gott zu sein. Deine Wirklichkeit ist nicht abhängig davon, dass sie von Dir als solche akzeptiert und somit wahrgenommen wird. Gott selbst trägt alle Wirklichkeit seiner selbst in sich selbst und dieses ›sich selbst‹ ist überall, da Alles-was-Ist allumfassend ist. Was überall ist, muss auch in Dir sein.

Gott ist sich seiner selbst in all seinen Aspekten und Eigenschaften vollkommen bewusst. Du magst den Alptraum der Angst noch so realistisch träumen und ihm Wahrheitsgehalt zusprechen, das Wissen und die vertrauensvolle Zuversicht darin, dass Du der selbstgewählten Illusion erliegst, mögen Dir so lange zum Trost und zur Hoffnung gereichen, bis Du Dich zum völligen Erwachen in das Licht der ewigen Wahrheit über Dich entscheidest. Das Ego hat guten Grund, die Zeit vor seinen Karren zu spannen und zu nutzen, um das Phantom der Angst zu nähren und zu stärken:

*Zeit ist genauso illusionär wie das Ego und die Angst selbst. Das macht sie so brauchbar für die Angstverbreitung.*

Illusion hat von der Wahrheit niemals Unterstützung zu erwarten. Die Natur der Wahrheit macht dies völlig unmöglich. Eine Illusion wird sich immer nur mit einer anderen verbinden können, um ihre trügerische Herrschaft zu etablieren. Die einzige ›Echtzeit‹, die es jetzt und ewig geben kann, ist der immerwährende Augenblick, das ewige Jetzt. Hier, und nur hier, ist der Fokus, der Brennpunkt aller Macht, weil jede schöpferische Kraft und Handlung nur von diesem Punkt ausgehen und wirken kann. Nun, wenn es nur das Jetzt gibt, kann Leben auch nur im Jetzt Wirklichkeitsgehalt haben.

*Alles, was ist, ist jetzt oder aber es ist gar nicht.*

Aus Sicht Deiner dualen Wahrnehmung ist das natürlich alles reine Theorie – und auch wieder nicht. Ihr ›glaubt‹ an Zukunft, ihr ›erlebt‹ sie in gewisser Weise als real, obwohl niemals jemand von Euch ›dort‹ ist, denn wenn Ihr dort ›ankommt‹, ist sie das Jetzt. Ihr seid immer nur im Jetzt, denn Ihr könnt nicht heute schon im Morgen sein. Dennoch erschafft Ihr Euch ständig und unablässig Ängste und Befürchtungen im Morgen. Die Realität der Angst ist jedoch immer jetzt. Du kannst heute nicht morgen fürchten, ohne Deine Furcht heute schon zu empfinden. Du leidest jetzt – oder gar nicht. Was immer Du fürchtest, das über Dich kommen könnte, ob morgen, in einem Jahr oder in einer weit entfernten Zukunft, der Inhalt der Furcht hat keinerlei echte Substanz und Wirklichkeit. Deine Furcht jedoch ist real, denn sie ist jetzt und nur sie ist das Problem. Real kann nur sein, was jetzt ist: Jetzt ist Angst oder Liebe. Wenn jetzt Liebe ist, entscheidest Du Dich gegen die Angst und somit für die Wahrheit über Dich, die jedem Angstwahn ewig spottet.

Wenn Du Deine Realität ernsthaft und vorbehaltlos unter die Lupe nimmst, dann wirst Du feststellen, dass es selbst aus menschlichster Sicht auf Deine Realität in Deinem Leben im Grunde und in Wahrheit nur wenige Augenblicke gibt und gab, in denen Angst im Hier und Jetzt begründet und angemessen ist und war. Sodann wirst Du sicherlich zu der Feststellung und Erkenntnis gelangen, dass Du in diesen Zeiten wie von ›unsichtbarer Hand geführt‹ und von einer Macht getragen wurdest, die außerhalb Deiner bewussten Wahrnehmung zu liegen scheint. Nun, mein lieber Freund, meine liebe Freundin, dem ist so. Nie bist Du allein in Deiner Not! Gottes Liebe für sich selbst, die seine Liebe für Dich ist, ist unermesslich. Was also bliebe Dir zu fürchten?

Im Hier und Jetzt liegt der Brennpunkt all Deiner Macht und Schöpferkraft. Wenn Du im Jetzt bist, angstfrei und ganz Du selbst, dann bist Du immer angstfrei. Für den, der nichts fürchtet, gibt es keine Furcht.

# 3. Verbündete:
## Die Welt

Tönendes Erz und klingende Schelle

M eine liebe Freundin, mein lieber Freund, der dritte
Helfer der Angst ist die Welt. Wie wir gesehen haben,
kann sich Illusion immer nur der Illusion bedienen, um ihre
Gültigkeit zu zementieren. Wirklichkeit kann Illusion nur deshalb niemals stützen,
weil sie wirklich ist. Für die Wirklichkeit entbehrt die Illusion
jeder Wirklichkeit, ist also gar nicht existent, denn Wirklichkeit erkennt sich selbst in der Illusion nicht wieder. Wahrheit
›findet‹ sich selbst nicht im Irrtum, weil sie in ihm nicht vorhanden ist. So bleiben die Grenzen zwischen Wahrheit und
Irrtum auf ewig gezogen und gesichert – und das ist gut so.
Für Dich bedeutet das, dass die Wahrheit immer und allezeit
wahr bleibt und niemals von Irrtum durchsetzt und somit
bedroht oder zerstört werden kann. Der Mensch ist in, aber
nicht von dieser Welt.

*Nichts ist wirklich von dieser Welt.*
*Nichts, das wirklich ist, ist von dieser Welt.*

Die Welt selbst, so wie sie sich Dir darstellt, ist eine Illusion.
Und eben weil die Welt eine Illusion ist, ist sie, genau wie die
Zeit, als Verbündete der Angst prädestiniert.

Die Welt ist eine Illusion, weil sie Angst wirklich und begründet erscheinen lässt. Was aber Angst wirklich erscheinen lässt, kann selbst nur Illusion sein. Die Welt spricht der Angst Realitätsgehalt zu: Diese Erscheinung ist die direkte und logische Folge der Dualität, der Spaltungswahrnehmung. Wo die Einheit von Alles-was-Ist nicht wahrgenommen wird, kann es unmöglich nicht zur Angstillusion kommen.

*Die Angst folgt der Trennung so sicher auf dem Fuße*
*wie die Liebe der Einheit.*

Die Welt erfüllt ihre Aufgabe der Täuschung wahrhaft vollkommen, denn das ist ihr gottgewollter, ihr ›Du-gewollter‹, Sinn und Zweck. Die Welt ist keine Fehlschöpfung Gottes, sie ist grandioses, ehrwürdiges Werkzeug der Selbsterkenntnis, gegeben seinem heiligen Zweck zu dienen, der auch der Deine ist.

Bevor Dunkelheit sich als Licht erkennen kann, muss sie sich als Dunkelheit erkannt haben. Einheitswahrnehmung schließt die Erkenntnis beider Aspekte gleichermaßen ein. Die Berichtigung der Sicht ist im Ausschlussverfahren niemals möglich. Wo kein Verbindungsprinzip am Werk ist, kann niemals korrekte Wahrnehmung sein. Die Welt kann die Gültigkeit der Angst erst und nur dann infrage stellen, wenn sie sie zuvor akzeptiert hat. Wäre dem nicht so, wozu würdest Du die Welt dann brauchen?

Sie ist gegeben, Dir zu dienen – und nicht umgekehrt. Die Ehrfurcht vor Dir selbst gebietet auch die Ehrfurcht vor Deiner Wahl der Mittel, die Liebe zu Dir selbst gebietet die Liebe zur Welt. Wer aber die Welt liebt, der fürchtet sie nicht. Niemals kann gefürchtet sein, was geliebt ist, denn wo Liebe ist, ist Angst allezeit unmöglich.

*Liebe ist Abwesenheit von Angst und dennoch so viel mehr als das.*

Mein lieber Freund, meine liebe Freundin, was, wenn nicht Liebe, könnte der Welt den Schleier der Illusion vom Angesicht reißen? Was, wenn nicht Liebe, könnte den Irrtum der Wahrheit überführen? Was, wenn nicht Liebe, könnte Dich über die Täuschung scheinbarer Angstberechtigung in der Welt erheben? Was, wenn nicht Liebe, könnte die Welt und damit Dich heilen und von jeder Angst erlösen? Liebe heilt alle Angst, denn es ist sozusagen das Wesen der Liebe, nicht Angst zu sein. Die Abwesenheit von Angst kennzeichnet die Liebe so sicher und unfehlbar wie die Abwesenheit von Liebe, genauer gesagt von ihrer Wahrnehmung, die Angst kennzeichnet. Weil Liebe Gott ist, steht sie über jeder Dualität.

*Liebe hat kein Gegenteil, weil Gott kein Gegenteil hat.*

Was alles ist, kann kein Gegenteil haben. Dies bedeutet, dass Liebe immer die Wahrnehmung der Einheit impliziert. Ihre alles heilende Wirkung liegt in ihrer Wirklichkeit. Anders ausgedrückt: Liebe heilt, weil sie wahr ist. Angst ist nie wahr, sie kann immer nur Irrtum sein. Angst ist immer und ausnahmslos fehlerhafte, lückenhafte Selbstwahrnehmung. Weil die Welt nicht die Wahrheit über Dich erkennt, kann sie auch nicht die Fehlentscheidung erkennen, die jeder Angst zugrunde liegt.

*Die Welt wird immer alles tun, Dir die Berechtigung der Angst vorzugaukeln, denn das ist ihre Aufgabe. Und die Welt gehorcht, wenn Gott-Selbst befiehlt.*

Deine Aufgabe, von Dir und an Dich selbst gestellt, liegt darin, den Täuschungen der Welt zu widerstehen. Wem willst Du Glauben schenken – dem Ego-Selbst, das Dir von Dir erzählt, Du seiest Angst, ein Wurm im Staube? Oder aber Deinem Höheren Selbst, das zu Dir und von Dir ewig nur von Liebe spricht?

Die Verlockungen der Illusion, zu denen wir an späterer Stelle noch kommen, machen Dir die Entscheidung in dieser Welt nicht so einfach, wie es auf den ersten Blick den Anschein haben könnte. Aber würde der Irrtum, die Illusion, ungetarnt und in aller Klarheit als das gesehen, was sie ist, würde sie sich im gleichen Augenblick in nichts auflösen und jede Frage der Entscheidung hätte sich erübrigt. Das göttliche Spiel der Selbsterkenntnis ist wahrhaft virtuos, ein Meisterstück, wie es nur Gott-Selbst hervorbringen kann.

Die Welt wird, wie gesagt, immer alles tun, Dich über Dich selbst zu täuschen. Wohin immer Du Deinen Blick in der Welt wenden magst, solange Du ihn nach außen und damit von Dir selbst abwendest, wird die Welt Dir sehr realistisch scheinende Begründungen für die Gültigkeit von Furcht, Bedrohung, Gefahr und Verletzung anbieten. Die Welt macht zu diesem Zweck wahrlich ›viel Lärm um nichts‹. Sie muss es, damit der trügerische Charakter ihres Angebotes nicht erkannt wird. Die Welt kann nur viel Lärm um nichts machen, weil Angst nichts ist, nichts als eine fehlerhafte Wahrnehmung Deiner selbst, nichts, als ein falscher Blickwinkel in Deiner Art auf Dich selbst zu schauen, nichts als ein Irrtum des Ego, nichts als ein flüchtiger, absurder Gedanke, Gott sei nicht alles in allem. Und so können der Lärm und alles Getöse der Welt Dir nichts als Irrtum anbieten.

Wo Stille ist, ist Wahrheit über Dich, denn die Wahrheit spricht über sich selbst einzig durch ihr Sein. Was sollte sie mehr brauchen? Wahrheit braucht kein Getöse und keinen Wirbel, weil sie wahr ist.

»Es ist fast unmöglich,
die Fackel der Wahrheit
durch ein Gedränge zu tragen,
ohne jemandem den Bart zu sengen.«
Georg Christoph Lichtenberg

# 4. Verbündete:

# Die Trägheit

Die trügerische Sicherheit der Stagnation

Mein lieber Freund, meine liebe Freundin, der vierte Helfer der Angst ist die Trägheit. Es mag Dich zu hören wundern, dass die Trägheit des menschlichen Geistes sozusagen ›System hat‹.

Bei der Trägheit handelt es sich nicht etwa um eine Art Schwachstelle der menschlichen Persönlichkeit, ein Laster, wie der Mensch glaubt, so viele zu haben. Es wird lohnend sein, sich die Trägheit ein wenig eingehender und aus der Nähe anzusehen, um zu durchschauen und zu begreifen, was es mit ihr auf sich hat. Sicher ist Dir klar, dass unsere Überlegungen nichts mit üblichen Moralvorstellungen zu tun haben. Es geht nicht um Gut oder Schlecht, es geht einfach um die Erkenntnis dessen, was die Trägheit als solche in Deinem Leben bewirkt beziehungsweise was sie verhindert und warum.

Die Trägheit entspringt der Tendenz des Ego, sich vor Enttarnung schützen zu wollen. Nicht mehr, aber auch nicht weniger. Trägheit ist ein Selbstschutzmechanismus, ein Bollwerk des Ego gegen geistigen Fortschritt, emotionale Vorwärtsbewegung und spirituelles Wachstum. Das Ego, das sich im Istzustand immer in Sicherheit wiegt, hat allen Grund den jeweiligen Status quo erhalten zu wollen. Das einzige Interesse des Ego ist sein ›Überleben‹. Die Anerkennung seiner Gültigkeit, die es nicht als Illusion enttarnt, ist sein einziges Bestreben. Das ist des Ego einziger gottgewollter Sinn und Zweck.

*Wenn die Illusion sich nicht für Wahrheit hält,*
*dann ist sie keine.*

Es ist also im Interesse des Ego, jede Art der geistigen Bewegung zu behindern. Nach dem Motto ›man weiß, was man hat, aber man weiß nie, was man kriegt‹ verlässt das Ego nur sehr ungern vertraute Gefilde. *(Anm. der Verfasserin: Scherzhaft gesagt.)* Das Ego lässt jede Form der Veränderung, jede Art des Wandels und der Mutation als bedrohlich erscheinen.

In welche Richtung Du auch blicken magst, welchen Aspekt Du auch erforschen willst: Immerdar hat das Ego nichts als Angst aufzubieten, wie könnte es auch, ist es doch als das ›Kind der Trennung‹ aus der Angst selbst hervorgegangen?

*Was bedrohlich erscheint, ist nicht erstrebenswert.*
*Was nicht erstrebenswert ist, wird nicht angestrebt.*
*Das ist Trägheit: getarnte Angst vor Gott in Dir.*

Die Irreführung des Ego besteht darin, die wahren Gründe und Zusammenhänge für seine Haltung zu verschleiern und wirksam vor Dir zu verbergen. Wo das Ego Dich glauben macht, Trägheit sei aus Deinem Interesse geboren, da ist sie im Grunde und in Wahrheit alles andere als das. Es gibt nichts zu fürchten: Immer dann, wenn Du das nicht erkennst, hast Du vergessen, wer Du bist.

Was auch immer bedrohlich erscheinen mag, die Wahrnehmung von Gefahr kann nur der irrigen, bruchstückhaften
Wahrnehmung Deiner selbst entstammen, die Deine Göttlichkeit ›übersieht‹. Im Angesicht Deiner wahren, heiligen
und grenzenlosen Identität wird jedes mögliche Konzept von
Bedrohung vollkommen substanzlos. Im Angesicht der Herrlichkeit göttlicher Allmacht, die auch die Deine ist, ist jeg-
liches Zögern vor dem Fortschreiten völlig absurd. Alles-
was-Ist ist überall. Diese Allgegenwart des Absoluten macht
das Fortschreiten in jede mögliche Richtung auf ewig vollkommen sicher.

*Was überall ist, kann immer nur bei sich selbst*
*ankommen.*

Da Alles-was-Ist sich selbst also nie verlassen kann, was sollte es zu fürchten geben? Wo immer Angst und Bedrohung Dir
als berechtigt angeboten werden, da ist nicht Gott. Wo aber
nicht Gott ist, da kannst auch Du nicht sein. Die Wahrheit
über Dich, die ewig gültige Wirklichkeit Deiner göttlichen
Identität, kann niemals in der Nähe der Angst gefunden werden.

*Wo Angst ist, ist nicht Liebe.*
*Wo nicht Liebe ist, kann Gott nicht sein.*
*Wo Gott nicht ist, kannst Du nicht sein.*

Meine liebe Freundin, mein lieber Freund, Sein impliziert die
natürliche Freude an der Bewegung. Da und dort, wo Angst
nicht lähmt, ist immer unwiderstehlicher Drang nach Aus-

dehnung und Erweiterung. Der Wandel und somit auch die Freude daran sind göttliches Seinsprinzip. Es entspricht sozusagen der Natur von Alles-was-Ist, sich selbst beständig zu wandeln.

Wie wir in *Des Menschen Wunsch und Gottes Wille* gesehen haben, ist der Wandel die Beständigkeit Gottes: Gott ist unwandelbarer Wandel. In ewigem Wandel begriffen, ist Er doch immer unwandelbar Er selbst. Das ist göttliche Unermesslichkeit. Was aber Gott ist, das musst auch Du sein. Ist die Trägheit einmal durchschaut tritt, vollkommen offen zutage, dass sie in der Abwesenheit von Angst jeglicher imaginären Sinnhaftigkeit entbehrt. Nur innerhalb des Konzeptes von Angst kann Trägheit einen scheinbaren Vorteil anbieten.

Alles ist Dir gegeben, Dir zu dienen, und die Würde Deiner wahren Identität erlaubt es Dir, Dir alles in der Weise nutzbar zu machen, wie Du es zu tun entscheidest. In eben der Weise, wie Du alle Konzepte, die wir gesehen haben, zu Verbündeten der Angst und damit des Ego ernennen kannst, so kannst Du sie zum heiligen Zweck Deiner Selbsterkenntnis nutzen:

*Alles gehorcht Deinem Willen.*

Der Zweifel dient Gott in Dir, so Du ihn nutzt zu seinem Zweck und die Konzepte anzweifelst, die das Ego Dir anbietet. Die Zeit dient Gott in Dir, wenn Du sie nutzt, um in der ewigen Gegenwart Deines unendlichen Hier-Seins zu bleiben und göttliche Beständigkeit zu finden. Die Welt dient Gott in Dir, wenn Du sie nutzt, um in ihren Spiegelungen die Wahrheit über Dich zu erkennen, und Du Dich ihrer Täu-

schungen dankbar bedienst, um Deine Chancen für die Wahrnehmung der Wirklichkeit zu nutzen. Und schlussendlich
dient Dir auch die Trägheit des Ego. Sei träge in der Angst und schlage das Ego mit seinen eigenen Waffen. Nichts kann jemals so beschaffen sein, dass Gott
es nicht zu seinem heiligen Zweck nutzen könnte.

»Und plötzlich weißt Du:
Es ist Zeit, etwas Neues zu beginnen und
dem Zauber des Anfangs zu vertrauen.«
Meister Eckhart

# 3. Teil

## Die Verlockungen der Angst

### Die falschen Verheißungen fiktiver Vorteile

# 1. Verheißung:
# Die Illusion von Kontrolle

Der Würgegriff der Angst

Meine liebe Freundin, mein lieber Freund, kein bewusstes Wesen würde sich jemals auf irgendetwas einlassen, wovon es sich nicht einen wie auch immer gearteten Nutzen verspricht. So lockt selbst die Angst, der Deiner wahren Natur feindlichste und fremdeste aller Gemütszustände, erfolgreich mit fiktivem Gewinn.

Die wohl bedeutendste aller Verheißungen der Angst ist die Illusion von Kontrolle. Die Aussicht auf Kontrolle, also auf Beherrschung der jeweiligen Situation, wiegt deshalb so schwer, weil die ›unterschwellige‹ Rückerinnerung des Menschen an seinen natürlichen Urzustand, die Allmacht schöpferischer Seins- und Schaffenskraft, eine unwiderstehliche Anziehung auf den Menschen ausübt. Der Ruf Gottes ist im Menschen auch innerhalb tiefster Dunkelheit nie gänzlich zu überhören.

*Gott ruft sich selbst bei Deinem Namen,*
*wenn Er deinen Willen zur Macht berührt.*

Es ist natürlicher göttlicher Seinszustand und damit selbstverständlicher Aspekt Deiner Identität, die Kontrolle über Dich selbst und damit auch über alle Ausdehnungen und Spie-

gelungen Deiner selbst ausüben zu wollen. Die göttliche Allmacht Deiner Natur garantiert Dir diese Kontrolle. Sie ergibt
sich ganz selbstverständlich aus dem, was Du bist. In *Des
Menschen Wunsch und Gottes Wille* sind wir ausführlich auf
die Mechanismen der Erschaffung von Realität eingegangen.
Du erschaffst einfach dadurch, dass Du bist. Die Schöpfungs-
prozesse ergeben sich ganz natürlich aufgrund Deiner Got-
tesidentität. Du kannst also niemals nicht erschaffen, denn
das würde bedeuten, nicht zu sein.

Mein lieber Freund, meine liebe Freundin, die Kontrolle
über das Leben ergibt sich, aus übergeordneter Sicht der Dinge, so einfach und selbstverständlich aus Deiner göttlichen
Identität heraus wie ihre Erschaffung selbst. Wahre Kontrolle
ist die absolute Vollkommenheit der Harmonie und der Synchronizität zwischen dem Schöpfer und seiner Schöpfung,
zwischen Dir und Deiner Erfahrungsrealität. Kontrolle ist die
erkannte Einheit zwischen dem, der erschafft, mit dem, das
da erschaffen ist. Kontrolle ist die Perfektion der eigenen
Reproduktion, denn was Teil von Alles-was-Ist ist, kann
immer nur sich selbst hervorbringen. Kontrolle ist die unbedingte, die bedingungslose Hingabe an sich selbst und damit
an seine göttliche Wirklichkeit. Hier, im Gewahrsein Deiner
inneren Heimat, bist Du jenseits jeder Angst und damit jenseits jeglicher fiktiver Versprechen von Kontrolle und Macht.
Hier braucht es keinerlei Macht oder Kontrolle.

*Nur dort, wo es keine Macht braucht, da ist sie.*

Was alle Macht ist, muss keine Macht haben. Im Bewusstsein
der Wahrheit über Dich liegt die Übernahme der Kontrolle

über Dein Leben ganz selbstverständlich und natürlich für Dich bereit. Die Bewusstwerdung der Wahrheit ist die Übernahme der Kontrolle. Die Bewusstwerdung impliziert die Erkenntnis, dass alle Macht und Kontrolle im Grunde und in Wahrheit immer schon Dein waren. Wie wir bereits sagten: Es geht nicht darum, eine Herrschaft zu etablieren, es geht darum, sie zu erkennen.

Nun, meine liebe Freundin, mein lieber Freund, im Konzept und innerhalb des Existenzkontextes des Ego stellen sich die Dinge natürlich ganz anders dar. Hier sind Kontrolle und damit Macht keine naturgegebenen, sozusagen geburtsrechtlichen Attribute, sondern Konzepte, die erstritten und erkämpft werden müssen. Wenn wir die Funktionsweise des Ego erfolgreich und wahrheitsgemäß hinterfragen wollen, müssen wir uns immer vor Augen halten, was das Ego ist: Ego ist Glaube an Trennung, Abspaltung von der göttlichen Urquelle, Ego ist Wahrnehmung von fiktiver Isolation. Ego ist das Unmögliche:

*Ego ist Sein (scheinbar) ohne Ursache.*
*Was keine Ursache hat, kann nur Angst sein.*

Innerhalb der Ego-Realität ist alles, was ist, ursächlich von ihm getrennt und nicht mit ihm verbunden. Im Weltbild des Ego führt also alles und jedes, genau wie es selbst, eine dubiose, abstruse Art von isoliertem Eigenleben. Ego ist Innenwelt, einer unberechenbaren, fremden Außenwelt ausgesetzt und ständig in Gefahr schwebend, angegriffen zu werden: Die Angst hat allen Grund, sich zu fürchten. *(Anm. der Verfasserin: Scherzhaft gesagt.)* Das Einzige, das die Not lindern und

Schutz versprechen kann, ist Macht und damit Kontrolle über die Dinge, die so scheinbar ›ursachenlos‹ über das Ego hereinbrechen können. Der Dreh- und Angelpunkt der Fehlwahrnehmung liegt einfach in der Identität dessen, der sie hat.

Ego ist Angst und eben weil es Angst ist, die die Macht und Kontrolle zu gültigen Konzepten erhebt, sind sie ad absurdum geführt. Wir dürfen nicht vergessen, dass Ego Illusion ist, und Illusion kann immer nur tiefer in sich selbst hineinführen. Sie kann niemals aus sich selbst heraus Wahrheit anbieten. Illusion führt Dich erst dann zur Wahrheit, wenn Du ihr Sein als solches infrage stellst und nicht ihre Inhalte. Das Ego braucht Macht und Kontrolle, sozusagen von ›außerhalb‹ seiner selbst, weil es aus sich selbst heraus machtlos ist. Was nicht wirklich ist, kann auch keine wirkliche Macht haben. Was sich getrennt von Gott wahrnimmt, kann weder wirklich noch machtvoll sein. In der Verleugnung Deiner göttlichen Wirklichkeit ist Angst für das Ego ein gültiger, berechtigter Seinszustand.

Die Verheißung der Kontrolle durch das Ego ist immer und ausnahmslos der Angst angepasst – und muss es sein, wenn sie Dich in ihren Fängen halten soll. In demselben Maße, in dem Angst Dich beherrscht, wird das Ego Dir Kontrolle der Situation versprechen. Ego gaukelt Dir ganz einfach vor, Angst sei Kontrolle, denn es macht Dich glauben, dass Deine Furcht der realen Einschätzung und dem tiefen Verständnis der Situation entspringt. Anders gesagt: Das Ego macht Dich einfach glauben, Angst sei Kontrolle dadurch, dass es die Angst für angemessen hält. Da Angst jedoch, wie wir wissen, immer und ausnahmslos der Verleugnung Deiner göttlichen Identität entstammt, kann sie niemals angemessen sein: Angst ist Verleugnung Deiner göttlichen Identität. Angst ist völliger Kontrollverlust. Mein lieber Freund, meine liebe Freundin, Angst ist immer nur Kontrolle dessen, der sie hat. Es liegt in der Natur der Angst, Machtlosigkeit anzuerkennen, denn aus der Illusion der Abwesenheit von Macht ist Angst geboren. Furcht ist, von ihrer Essenz her, die Verleugnung jeder Macht und so ist es ewig unmöglich, dass ausgerechnet sie in der Lage wäre, ein Machtversprechen einzulösen. Alle Macht ist von, aus und in Gott. Was das Göttliche in Dir verleugnet, muss auch Deine Macht verleugnen. Das ›Geheimnis‹ der Kontrolle über jegliche Situation kann im Grunde und in Wahrheit immer nur in der Aufgabe der Angst liegen.

*Wo Angst schwindet, da ist Liebe. Wo Liebe ist, da wird Gott erkannt. Wo Gott ist, da ist alle Macht.*

»Wer sieht so scharf, so tief, wer anders,
als der Falkenblick der Liebe.«
Friedrich von Schiller

## 2. Verheißung:
# Die Illusion von Sicherheit

### Das Wiegenlied der Angst

Mein lieber Freund, meine liebe Freundin, das zweite Versprechen, das die Angst macht, ist die Verheißung von Sicherheit. Das Bedürfnis nach Sicherheit ist eine der tiefsten und drängendsten Sehnsüchte im Menschen. Mit dem menschlichen Sicherheitsstreben ist es so, wie mit seinem Willen zur Macht und Kontrolle. Genauso, wie Macht, so ist auch Sicherheit ein natürliches, göttliches Seinsattribut.

*Sicherheit ist göttliche Selbstverständlichkeit.*

Dies macht sie zu einem unwiderstehlichen Grundbedürfnis des menschlichen Herzens. Wo Gott ruft, kann der Mensch niemals widerstehen. Der Mensch strebt und sucht nach Sicherheit von seinem ersten bis zum letzten Atemzug, das Wesen der Dualität zwingt ihn sozusagen dazu.

Wir haben gesagt, dass Sicherheit ein göttliches, natürliches Seinsattribut ist. Wie bei allen göttlichen Eigenschaften impliziert dies, dass Sicherheit ein gültiges, ewiges, allgegenwärtiges Konzept ist. Sicherheit ist eine göttliche Tatsache, sie muss nicht erschaffen, erarbeitet oder erkämpft werden. Alles, was aus Gott ist, das ist bereits vorhanden.

Im Gewahrsein der Allgegenwart von Alles-was-Ist wird Sicherheit ganz selbstverständlich wahrgenommen. Sie ist die logische und direkte Folge des absoluten Charakters des Göttlichen.

*Sicherheit kann nur dort bedroht sein, wo sie nicht ist. Sowie Bedrohung möglich sein kann, ist Sicherheit es nicht mehr.*

Bedrohung ist nur dort möglich, wo es ein Außen gibt, ein ›Nicht-Teil‹ von allem. Nur wo es ein Anderes gibt, kann das Eine bedroht und angegriffen werden. Wo es jedoch nur das All-Eine gibt, was sollte da sein, das angreifen könnte? Gott greift sich selbst nicht an.

*Wohin auch immer Er sich wendet, Er kann immer nur sich selbst erblicken: Deshalb kann Alles-was-Ist nur Liebe sein.*

Die Illusion der Bedrohung und das aus ihr entstandene Bedürfnis nach Schutz und Sicherheit haben innerhalb der Wahrnehmung der göttlichen Einheit keinerlei Substanz und Wirklichkeitsgehalt. In der Erkenntnis göttlichen Eins-Seins ist die Abwesenheit von Sicherheit vollkommen absurd. Mit anderen Worten: Angesichts Deiner göttlichen Identität stellt sich die Frage der Sicherheit erst gar nicht.

Sicherheit ist kein Thema, weil es keine Bedrohung gibt, sie ist ganz einfach. So ist es mit der Sicherheit im Grunde und in Wahrheit genauso wie mit der Macht: Sicherheit ist nur dort, wo sie nicht gebraucht wird. Die Anwesenheit beweist sich durch die Abwesenheit.

Meine liebe Freundin, mein lieber Freund, wenn wir uns der Sicht des Ego auf Dich selbst und die Welt zuwenden, ergibt sich natürlich ein ganz anderes Bild der Dinge, eine im wahrsten Sinne des Wortes verkehrte Sicht. Jedes Bild wird geschaffen durch den, der es sich macht, genauer gesagt durch die Identität dessen, der es sich macht, bzw. durch das, was derjenige zu sein glaubt. Gott ist Liebe, Ego ist Angst, also muss das Konzept der Sicherheit, wie jedes andere auch, innerhalb der Gotteswahrnehmung völlig verschiedenen Grundsätzen und Prinzipien folgen als aus trügerischer Egosicht.

*Was nur Liebe ist, kann niemals bedrohen. Was nicht bedrohen kann, kann nicht bedroht werden. Liebe ist vollkommene Sicherheit.*

Für das Ego sind das Leben und die Welt eine wahrhaft gefährliche Sache, wie könnte es auch anders sein, nimmt es sich doch als völlig isoliert, abgespalten und somit machtlos wahr. Auf sich selbst und allein gestellt braucht es jeden denkbaren Schutz, den es kriegen kann, denn das kleine Innen muss, scheinbar, neben einem gigantischen, übermächtigen Außen bestehen.

Die Angst hat wahrhaft allen Grund sich zu schützen, ist sie doch immer in Gefahr, als trügerische Illusion, als irrige Fehlwahrnehmung erkannt und enttarnt zu werden. In dem Augenblick, in dem die Angst als das nebulöse Trugbild erkannt wird, das sie ist, wird gleichermaßen das Konzept des

Sicherheitsbedürfnisses hinfällig. Wo Angst sich als unbegründet erweist, da braucht es keine Sicherheit und keinen Schutz. Schutz wovor?

Hier wird es vollkommen offensichtlich: Die Angst selbst – und damit das Ego – erschafft die Illusion der Bedrohung, vor der zu warnen und zu schützen sie vorgibt. Erneut erweist sich das Ego als der Judas Deiner göttlichen Wirklichkeit.

*Die Bedrohung liegt ausschließlich in der Angst selbst. Die Angst ist die Bedrohung.*

Mein lieber Freund, meine liebe Freundin, so gibt es im Grunde und in Wahrheit nur eines für Dich, wovor Du Dich in Sicherheit bringen solltest, und das kann in der Tat nur die Angst selbst sein. Außerhalb des Egowahns gibt es keine Bedrohung, nichts, was es zu fürchten gäbe, nichts, das Schutzmaßnahmen verlangen würde, nichts, was die ewige Sicherheit Deiner wahren göttlichen Identität angreifen und infrage stellen könnte. Was könnte Dich bedrohen, Gott in Menschenhaut, der Du Teil, Aspekt, Eigenschaft bist von Alles-was-Ist?

Jetzt und ewig bist Du nichts anderes und keine Macht im Himmel und auf Erden kann und will daran etwas ändern. Nur das Ego will das nicht erkennen: Wahrlich, nur die Angst selbst hat allen Grund, sich in ›Sicherheit‹ zu bringen – vor der Wirklichkeit!

# 3. Verheißung:
# Die Illusion von Gemeinschaft

Die Potenzierung der Angst

M eine liebe Freundin, mein lieber Freund, in Eurer materiellen Welt ist Angst ein vollkommen gültiger und vor allem als berechtigt anerkannter Seinszustand. Wie wir schon des Öfteren gesagt haben, ist Angst sozusagen die Eintrittskarte in die Welt der Dualität, die Ihr alle lösen müsst zu Beginn jedes irdischen Lebensausdrucks. Dies ist so, weil Angst die direkte und unvermeidbare Konsequenz der Spaltungsillusion ist.

Spaltung ist immer und überall dort, wo die alles umfassende Einheit Gottes mit seiner Schöpfung nicht wahrgenommen wird. Sowie ein Bewusstsein sich als von der göttlichen Urquelle, die die Essenz allen Seins ist, getrennt und losgelöst wahrnimmt, ist Angst unvermeidbar. Die Illusion der Trennung von Gott, die nur eine Fehlwahrnehmung sein kann, impliziert die bruchstückhafte und deshalb fehlerhafte Selbstwahrnehmung.

*Die Nichtwahrnehmung des Einsseins mit Gott kann nur das Auseinanderbrechen des eigenen Selbst zur Folge haben.*

Dies bedeutet, dass der Mensch, der sich seiner ewigen Anbindung an die Urquelle nicht gewahr ist, auch seiner selbst nicht mehr wahrheitsgemäß bewusst sein kann. Dies ist die Geburtsstunde der Zerstückelung des menschlichen Selbst, seine ›Aufspaltung‹ in einen Teil seiner selbst, einen Aspekt, der sich seiner Wirklichkeit vollkommen bewusst bleibt und den Teil, der dies nicht tut. Der Mensch ist nunmehr eine ›gespaltene Persönlichkeit‹, er empfindet sich sowohl als ein Ego als auch – zumindest hin und wieder – *(Anm. der Verfasserin: Scherzhaft gesagt)* als ein höheres, gottverbundenes und gottbewusstes Selbst.

Nun, mein lieber Freund, meine liebe Freundin, zumindest und nur in den Zeiten, in denen der Mensch in seiner eigenen Mitte ruht, in denen er eins ist mit sich selbst und damit auch mit Alles-was-Ist und allem, was ist, empfindet er Erleichterung und ›erholt‹ sich von seiner Zwiespältigkeit. Im Allgemeinen, sowie der Mensch sich aus seinem Ego heraus erfährt, sitzt ihm die Angst im Nacken, die seine ›zweite Natur‹ ist. Angst ist des Menschen zweite Natur, weil sie die erste des Ego ist. Da jedoch das Ego nur Illusion ist, kann auch diese zweite Natur des Menschen, seine Angstbereitschaft, nur illusionär sein und keinen konkreten Wirklichkeitsgehalt beinhalten:

*Immer wenn Du Angst hast, irrst Du Dich über Dich selbst. Von dieser Regel gibt es keine Ausnahme.*

Wie wir bei den Verbündeten der Angst gesehen haben, setzt die Welt alles daran, die Illusion der Angst und somit ihre Berechtigung für Dich möglichst real erscheinen zu lassen.

Das ist ihre Aufgabe. Nun, ein Attribut, welches der Angst in dieser Welt eine große und nicht zu unterschätzende Attraktivität und Anziehung verleiht, ist die Tatsache, dass Ihr sie als menschliche Erfahrung alle miteinander teilt und somit gemeinsam habt. Mit anderen Worten:

*Angst verbindet – scheinbar.*

Angst ist Euch allen gemeinsam. Ihr fühlt Euch in Euren Erfahrungen und in Eurem Erleben von Angst genauso miteinander verbunden wie in Euren Erfahrungen von Liebe. Nun, so sehr dieser Umstand aus irdisch-menschlicher Sicht der Dinge verständlich und nachvollziehbar ist, so absurd ist er doch auch von übergeordneter Warte aus betrachtet: Angst ist die ›Spaltungssubstanz par excellence‹, Angst ist das Kind, nein, die Ausgeburt der Trennungsillusion.

Nur aus der begrenzten Sicht der dualen Dimension ist es möglich, der Angst ein verbindendes Element zuzuschreiben. Das Ego muss sich aller illusionären Mittel bedienen, die ihm zu Gebote stehen, weil es keine wirklichen Mittel für das Ego geben kann. So nutzt es dieses scheinbar verbindende Element der Angst, um sie schlussendlich dadurch zu potenzieren. Und so gibt es vor, ein weiteres Mal, dass der Feind ein Freund sei. Niemals kann Angst, die doch aus dem Stoff der Trennung selbst besteht, verbinden und Spaltung heilen, dies ist vollkommen unmöglich. Nur das Ego ist solch einer absurden Verdrehung der Wirklichkeit fähig.

Diese Verdrehung der Wirklichkeit hat die Verdrängung und Vertuschung der Wahrheit zum Ziel: Nicht fehlende Gemeinschaft und Verbindung sind das Problem, sondern das

Ego, also die Angst selbst. Wo Angst sich auflöst und nicht ist, da ist die Wahrnehmung der allesumfassenden Einheit, das Gewahrsein der Verbindung von Alles-was-Ist, völlig selbstverständlich und offenbar. Wo Angst nicht ist, da braucht es keine Gemeinschaft zur Überwindung von Angst, da ist Einheit. Angst ist das Nicht-Gewahrsein dieser Einheit und die Heilung von Trennung kann nur in der Heilung von Angst liegen. Angst kann niemals das erlösen und heilen, was sie verursacht und auslöst. Nie ist der Mensch so weit von sich selbst und seiner göttlichen Wirklichkeit entfernt und entfremdet, als wenn er sich fürchtet.

*Wer von sich selbst entfernt ist, kann auch zu allen anderen nur distanziert sein.*

Wahre Nähe ist innerhalb der Angsterfahrung nicht möglich, da es sich bei Nähe und Angst um zwei sich vollkommen widersprechende Wahrnehmungskonzepte handelt, die sich gegenseitig ausschließen. Ein Problem kann immer nur dort gelöst werden, wo es ist. Wo Angst ist, ist immer und ausnahmslos die Angst selbst das Problem, das es zu erlösen gilt.

Wahre Gemeinschaft, Verbundenheit und Nähe – und nicht der illusionäre Schatten davon, wie ihn das Ego anbietet – kann immer und ewig nur in der Liebe sein und aus ihr hervorgehen. Wo Liebe ist, da ist die Wahrnehmung der Einheit und Verbundenheit von allem mit allem ganz selbstverständlich, weil sie natürliches Attribut der Liebe ist. Liebe ist die Essenz dieser Einheit, die Substanz, aus der sie besteht.

Liebe ist der Stoff des Alles-was-Ist und so ist sie auch der
Deine. Nur wo Liebe ist, kann Nähe sein. Wo Angst ist, ist
immer nur Angst.


»Die Wahrheit und die Mehrheit sind
noch längst nicht dasselbe,
doch wer mit der Wahrheit im Bunde ist,
der gilt im Himmel auch allein als mehrheitsfähig.«
Regulus

## 4. Verheißung:

# Die Illusion von Erleichterung

### Der Verrat der Angst

Mein lieber Freund, meine liebe Freundin, die vierte Verheißung der Angst ist die Aussicht auf Erleichterung. Diese Aussage mag erst einmal befremdlich sein, denn auf den ersten Blick ist sicherlich nichts von Natur aus so widersprüchlich wie die Angst und die Erleichterung. Und dennoch ist dem so.

Wie wir bei den vorangegangenen Verheißungen der Angst gesehen haben, benutzt das Ego gerne Konzepte, die seiner Natur entgegengesetzt sind, um seine Autorität zu etablieren, zu festigen und vor allem, seine wahre Identität, die auf Machtlosigkeit beruht, zu verschleiern. Das Ego schmückt sich sozusagen mit fremden Federn, das Ego schmückt sich mit göttlichen Federn: Es spricht sich selbst Attribute zu, die nur Deiner göttlichen Natur entstammen und eigen sein können. Macht, Sicherheit und Einheit können niemals aus dem Ego heraus und in ihm echte Wirklichkeit erlangen. Das Ego muss sich also mit fremden, mit göttlichen Federn schmücken, denn es hat keine eigenen. Das Ego gaukelt vor zu sein, was es nicht ist und gar nicht sein kann, denn was seine Realität aus der Illusion der Trennung speist, kann selbst nur Illusion sein. Mit anderen Worten: Wenn das Ego die Wahrheit erkennt, dann hört es auf, Ego zu sein.

Meine liebe Freundin, mein lieber Freund, was Wahrheit erkennt, das wird Teil von ihr und geht auf in die allumfassende Wirklichkeit von Alles-was-Ist. Was diese vierte Verheißung des Ego ein bisschen schwierig zu erklären macht, ist die Tatsache, dass sie die am raffiniertesten getarnte Ego-Selbstverschleierungstaktik beinhaltet.

*Das Täuschungsmanöver des Ego besteht darin,*
*dass es Dich glauben macht, Ego-Sein und Du-Sein*
*seien ein und dasselbe. Dem ist nicht so.*

Das Ego ist einem Werkzeug vergleichbar, das der Hand, die es führt, weismachen will, es selbst sei Teil dieser Hand. So stürzt es Dich in Verwirrung darüber, wer und was Du bist. Das Ego wird Dich immer in Sicherheit wiegen, so Du Dich mit ihm identifizierst. Hier bist Du sozusagen auf heimischem Terrain, auf vertrautem Boden, und genau hier liegt die Verheißung der Erleichterung begründet:

*Was Du kennst, das fürchtest Du nicht, und wenn es*
*auch die Furcht selbst ist.*

So kommt es zu der geradezu grotesken und absurden Situation, dass der Mensch sich vielleicht in seiner Angst am sichersten fühlt. Wie wir bereits sagten, fürchtet der Mensch das Licht mehr als die Dunkelheit. Ihr seid so sehr daran gewöhnt, Angst zu haben, dass es Euch Angst macht, keine Angst zu haben. Ihr seid in Verwirrung über Euch selbst, wenn Ihr angstfrei seid, ganz einfach aus dem Grunde, weil

Ihr diesen Euren natürlichen Seinszustand kaum kennt. Wenn
Du Angst hast, hat das Ego also sozusagen immer ein Heim-
spiel *(Anm. der Verfasserin: Scherzhaft gesagt)* und das ist
sein großer Vorteil. Angst ist immer und ausnahmslos Selbstverrat. Wenn Du Dich fürchtest, verleugnest Du die Größe
und Herrlichkeit Deiner wahren, göttlichen Identität, die
ewig jenseits jeder möglichen Gefahr und Bedrohung ist.

*Selbstverrat ist Gottesverrat, seine und Deine*
*Identität sind ein und dieselbe.*

Der Erleichterung des Ego, das sich selbst immer in der Angst
wiedererkennt, liegen also die Bekräftigung und Bestätigung
des eigenen Seins, der eigenen Gültigkeit zugrunde. So wie
Dein wirkliches, ewiges Sein sich selbst nur in und als Liebe
erkennen kann, so kann Dein Ego sich nur in Angst erkennen.
Sie ist die Essenz seiner Natur, so wie Liebe die Essenz Deiner wahren Identität ist.

Mein lieber Freund, meine liebe Freundin, es sollte uns
nicht wirklich wundern, dass auch diese vierte Verheißung
des Ego eine illusionäre ist. Ego kann niemals Erleichterung,
also Frieden, bieten, denn die Natur des Ego selbst macht dies
unmöglich. Frieden ist ein göttliches Attribut und nur im
Gewahrsein der Einheit mit Ihm kann Frieden wahrgenommen werden. Hier und nur hier ist er ganz natürlicher Seinszustand. In dem Maße, in dem Ego in den Hintergrund der
Selbstwahrnehmung tritt, wird Frieden offenbar.

*Ego kann niemals das anbieten, was es durch*
*seine Existenz verhindert.*

Die Logik des Ego ist eine verkehrte und im Lichte der Wahrheit wird man sie kaum noch als solche bezeichnen wollen. Im Lichte der Wahrheit wird die Absurdität vollkommen offensichtlich, so wie das Licht göttlicher Wahrheit jede Illusion enttarnt und sie unverhüllt und klar als das zu zeigen vermag, was sie ist.

Die Verzerrung der Wahrheit liegt einfach in dem Umstand begründet, dass es die Illusion ist, die sich ihrer bedient. Wirklichkeit und Illusion können unmöglich gleichzeitig und gleichwertig nebeneinander existieren und wirklichen Wahrheitsgehalt haben. Wenn das eine ist, kann das andere nicht sein. Wo Wahrheit nicht der Wahrheit dient, da ist sie es nicht länger: Sie löst sich auf und wird selbst Teil der Illusion. Genau dies macht Wahrheit ewig unantastbar: Wahrheit kann nicht sie selbst sein und dennoch missbraucht, benutzt, verzerrt und versklavt werden.

*Wahrheit ist nur Wahrheit, wenn sie sich selbst dient,*
*denn das Ego kann das Göttliche niemals unterjochen.*

Meine liebe Freundin, mein lieber Freund, dies ist Dir allezeit göttliche Garantie für die Unantastbarkeit Deiner wirklichen Identität, auch innerhalb und inmitten der tiefsten Dunkelheit dualer Wahrnehmung. Dein göttliches Sein ist auf ewig gesichert, jenseits jeglicher Angreifbarkeit. Die Erleichterung, der Frieden, der wirklich und allezeit der Deine ist, kann Dir nur außerhalb der Angst begegnen. Nur in der Liebe, im Gewahrsein Deiner einzigen Wirklichkeit, kann Dein Frieden, der der Friede Gottes ist, begründet sein. Ego kann Dir niemals die Wahrheit anbieten, sondern immer nur einen verzerrten Schatten davon. Das Ego verdreht die Wahrheit, denn der Identitätsverlust, den es fürchtet, kann nur der Gewinn Deiner wirklichen Identität sein. Was sich als Nicht-Angst erkennt, das erkennt sich als Nicht-Ego. Wo der illusionäre Charakter der Angst und damit der Trennungsillusion erkannt wurde, kann nur noch Gott sein, der sich selbst erkennt in Dir und durch Dich.

*Der Verlust der Illusion ist die Voraussetzung*
*für das Gewahrsein der Wirklichkeit.*

Wo Angst nicht ist, da erkennt Deine wahre Identität sich selbst. Wo Angst nicht ist, da erkennst Du Dich selbst. Wo Angst nicht ist, da gibt es keinen Grund, Dich zu fürchten. Wo Angst nicht ist, da ist der Friede Gottes. Wo Angst nicht ist, da bist Du zu Hause.

»Irrtümer haben ein zähes Leben,
aber die Wahrheit frisst immer an ihnen.«
Rudolf G. Binding

# 4. Teil

## Die göttlichen Tatsachen

### Die Identifizierung seiner Eigenschaften

## 1. Tatsache:

# Die Macht Gottes

Möge die Macht mit Dir sein

Meine liebe Freundin, mein lieber Freund, diese erste Eigenschaft Gottes ist, wie wir gesehen haben, auch die erste fiktive Verheißung des Ego. Es wird uns nicht wundern, dass die anderen göttlichen Tatsachen und Egoversprechungen im gleichen Verhältnis zueinander stehen. Wie könnte es auch anders möglich sein?

Wir haben festgestellt, dass das Ego sich mit fremden Federn schmückt und schmücken muss, denn es hat keine eigenen. Illusion ist Illusion, also per definitionem nicht wirklich. Was nicht wirklich ist, kann auch nicht wirklich etwas anzubieten haben. Was auch immer das Ego versprechen mag, es kann nur Schall und Rauch sein.

*Was immer das Ego verspricht, nur Gott kann es halten.*

Die Macht Gottes ist, wie all seine Eigenschaften, eine absolute. Was immer Er ist, das ist Er vollkommen, uneingeschränkt und allumfassend. Was nicht absolut ist, kann nicht göttliches Attribut sein. Was aber absolut ist, kann nur dem Göttlichen entstammen.

In *Des Menschen Wunsch und Gottes Wille* haben wir ausführlich erforscht, wie Alles-was-Ist sich selbst und damit all seine Eigenschaften auf seine Schöpfung ausdehnt. Alleswas-Ist muss in allem, was ist, inhärent vorhanden sein, sonst wäre Er nicht Alles-was-Ist, sondern nur ein Fragment, ein Teilaspekt von etwas noch Größerem. Da das Absolute jedoch absolut ist, muss dies vollkommen unmöglich sein. Wo etwas Größeres von Gott vorgestellt werden kann, da wurde Er nur in einem seiner Aspekte vorgestellt: Gott ist in der Unendlichkeit seiner Gänze unvorstellbar. Das ist göttliche Unermesslichkeit.

Mein lieber Freund, meine liebe Freundin, wenn wir von Macht reden, dann meinen wir die Macht Gottes und doch auch die Deine. Das Problem für Dich liegt allein in der Tatsache begründet, dass Du zwischen beiden Konzepten einen Unterschied wahrnimmst. Dieser Unterschied in der Wahrnehmung ist das Problem, denn er beruht auf einer Fehlwahrnehmung Deiner selbst. Das Machtgefälle, das Du wahrnimmst, wenn Du Deine Macht mit der göttlichen vergleichst, ist nicht der Unterschied zwischen der Macht Gottes und der Deinen. Hier kann es keinen geben. Die Diskrepanz ist der Unterschied zwischen Gottes Macht und der des Ego. Immer dann, wenn Du Unterschied erkennst, bist Du aus dem Ego heraus. Du siehst sozusagen mit des Ego Augen auf Dich selbst.

*Wer mit den Augen des Ego schaut, kann nur Ego erblicken.*

So Du mit dem Blick des göttlichen Selbst auf Dich selbst schaust, siehst Du Gott in Dir. Was auch immer schauen mag, es kann immer nur sich selbst sehen. Es gibt kein anderes Maß der Dinge als Dich selbst. Die unbedingte, gottgegebene Freiheit Deines Willens garantiert Dir auf ewig, dass es niemals anders sein wird. Du bist ewig so, wie Du Dich selbst zu sehen und damit zu sein entscheidest. Dein Wille ist göttliches Gesetz, dem niemals nicht entsprochen werden kann. Auch nicht durch Dich selbst *(Anm. der Verfasserin: Scherzhaft gesagt)*, denn Gott kann nicht gegen seinen eigenen Willen und somit gegen sich selbst sein.

Die Machtlosigkeit des Ego ist sein Alptraum und somit auch der Deine, denn solange Du glaubst, Ego zu sein, wirst Du an Deine Machtlosigkeit glauben. Die Allmacht Gottes ist natürlicher Teil, selbstverständlicher Aspekt seines Erbes an Dich.

*Die Tatsache, dass uneingeschränkte Macht eine göttliche Eigenschaft ist, garantiert sie Dir.*

Macht ist göttliches Seinsattribut und die Tatsache Deines Seins verleiht sie Dir. Was machtlos ist, kann nicht erschaffen. Du bist sozusagen die Folge göttlicher Allmacht, die ›Wirkung Gottes an sich selbst‹.

Hier wird der ganze Unterschied zu den leeren, substanzlosen Verheißungen des Ego deutlich: Ego will sein, was es nicht ist und niemals sein kann. Es gaukelt Macht vor, die es nicht hat. Das Ego kann Dir keine Macht verleihen, denn es hat keine, die es vergeben könnte. Der Diener glaubt, dem Herrn befehlen zu können. Der Herr aber lächelt milde und liebevoll auf seinen Diener herab und ist – still: Macht muss sich nicht beweisen, weil sie um sich selbst weiß. Die Wirklichkeit weiß, dass die Illusion sie niemals bedrohen kann. Wenn Du die natürliche Macht Deiner göttlichen Identität anerkennst, bringst Du Dich mit aller Macht nach Hause, die Dir zu Gebote steht.

»Zwei Wahrheiten können
sich nie widersprechen.«
Galileo Galilei

## 2. Tatsache:
# Die Unantastbarkeit Gottes

Wie in Abrahams Schoß

Mein lieber Freund, meine liebe Freundin, die Bemühungen des Ego, Dir das Gefühl von Sicherheit vorzugaukeln, sind die direkte Antwort auf das Bedürfnis des Menschen, sich seines Seins zu versichern. Der Mensch will im wahrsten Sinne des Wortes sicher sein, dass er ist. In der Umkehrung dieser Gewissheit, in ihrem Gegenpol, liegt die Angst vor Bedrohung, Gefahr und Zerstörung.

Sowie die Sicherheit des Seins nicht wahrgenommen wird, entsteht Angst und es handelt sich hier um die tiefste und grundlegendste aller Ängste, denn an der Frage nach dem Sein oder Nichtsein entscheidet sich alles. Die Frage der Sicherheit ist im Grunde also die Frage nach dem Sein schlechthin und somit ist sie in gewisser Weise vielleicht die ›göttlichste‹ aller Eigenschaften, denn alles Sein kann nur dem Göttlichen entspringen. Aus Ihm ist alles und ohne Ihn wäre da nichts, das sein könnte:

*Sein ist Gottsein oder es ist gar nicht.*

Was nicht dem Göttlichen entstammt, das ist und kann nicht wirklich sein und ist somit illusionärer Natur. Das ausgerechnet das Ego, das sich wie wir gesehen haben gerne mit Gottes

Federn schmückt, Dir Sicherheit des Seins vorgaukelt, entbehrt nicht einer gewissen absurden Komik, denn wenn ausgerechnet die Illusion Wirklichkeit verspricht, dann ist das in etwa so, wie wenn die Nacht sagt, sie könne Dir Licht spenden.

Die ewige Gewähr für Deine Sicherheit, die eine wirkliche ist und keine wahnhafte, ergibt sich zwingend aus der Absolutheit von Alles-was-Ist. Der alles einschließende Charakter des Göttlichen macht jedes Konzept von Bedrohung oder gar Zerstörung substanzlos und unsinnig. Woher könnte Bedrohung kommen? Was könnte das Göttliche gefährden? Was immer da ist, es ist Teil von Ihm selbst und somit auch Teil von Dir. Sowie der Mensch sich entscheidet, die Dinge im Lichte der Einheit zu betrachten, stellen sie sich ihm vollkommen anders dar und der Wahn des Ego wird offensichtlich. Sein Betrug an Deiner wahren Identität tritt angesichts der unermesslichen Erhabenheit des Göttlichen deutlich zutage. Die Unantastbarkeit Gottes ist logische, zwingende Folge seiner allem übergeordneten, allumfassenden Natur.

Wie wir in *Des Menschen Wunsch und Gottes Wille* gesehen haben, lebt das Ego im Größenwahn, Gott angreifen zu können. Das Ego ist sich der Größe und Herrlichkeit Gottes nicht annähernd bewusst und kann es auch gar nicht sein. In ihrer Erkenntnis würde es sich augenblicklich in Gott-Selbst auflösen und so wird es denn auch sein in dem Augenblick, in dem Du Dich dazu entscheidest. Die Sicherheit Deines Seins ist Dir auf ewig durch Gottes Vollkommenheit garantiert.

*Alles-was-Ist ist nichts, was Du nicht auch sein musst.*

Du bist ein lebendiger Teil, ein gültiger Aspekt seiner ewigen Wirklichkeit. Da Alles-was-Ist vollkommen und ganz ist in jedem seiner Teile, muss seine Unantastbarkeit auch die Deine sein. Nach seinem Bilde geschaffen und Ihm gleich, ist die ewige Unversehrtheit Dein natürlicher Seinszustand.

Die Illusion von Angriff und Bedrohung, der Alptraum der Zerstörbarkeit und damit der Endlichkeit, ist dem Ego eigen, das keine wirkliche Substanz hat. Die Illusion fürchtet gewissermaßen zu Recht um ihre ›Existenz‹. Die Absurdität der Situation wird hier ganz offenbar, denn das Wesen der Illusion ist eben die Abwesenheit von Wirklichkeit.

*So fürchtet um seine Existenz, was keine hat.*
*Um sein Leben fürchten kann nur, was keines hat.*

Das Göttliche kennt keine Existenzangst, es ist das Leben selbst und somit speist sich seine Sicherheit aus sich selbst und seinem Sein heraus. In Gott ist Sicherheit eine so tiefe und offenbare Gewissheit, dass sie sich nie infrage stellt und auch gar nicht kann. Im Sein des Göttlichen kann es nichts geben, das sich jemals infrage stellen würde. Das ist Sache des Ego und niemals die Sache Gottes.

Die Sicherheit, nach der Du strebst, ist eine göttliche Tatsache und somit auch Deine. Es geht für Dich nicht darum, wie das Ego Dir vorgaukeln mag, Sicherheit zu erkämpfen und zu erstreiten, sondern vielmehr darum, sie zu erkennen als Gegebenheit Deiner Wirklichkeit, die schon ewig war und ewig sein wird. So ist es mit der Unantastbarkeit Deines Seins wie mit allen anderen göttlichen Eigenschaften: Alle sind sie gegeben, vorhanden und Dein. Alle göttlichen Eigenschaften sind Geschenke und Erbe Gottes an seine Schöpfung.

*Wo Gott schenkt, da schenkt Er unwiderruflich und für alle Zeit.*

Was könnte es anderes geben, das Alles-was-Ist mit Dir teilen könnte, als sich selbst? Es gibt nichts für Dich zu tun, zu erkämpfen und anzustreben. Es gibt nichts zu tun, es gibt alles zu erkennen.

»Nichts ist groß,
was nicht wahr ist.«
Gotthold Ephraim Lessing

## 3. Tatsache:

# Die Einheit Gottes

### Der Bund fürs ewige Leben

M eine liebe Freundin, mein lieber Freund, in Deiner Angst und in Deinem Schmerz gaukelt Dir das Ego vor, Du seiest nicht allein, besser gesagt, das Ego möchte Dich glauben machen, Du seiest dank seiner nicht allein. Wir haben längst verstanden, dass all die Verheißungen des Ego auf Wirklichkeit, auf Seinsrealitäten, beruhen. Dem ist so, weil das Ego Dich kaum mit substanzloser Unwirklichkeit locken könnte. Das Ego bedient sich sozusagen der Wirklichkeit, um seine eigene Unwirklichkeit zu verschleiern. Diese absichtliche, raffinierte Vermischung von Wahrheit und Irrtum, von Illusion und Wirklichkeit, von Authentizität und Betrug ist es, die das Durchschauen der Egotaktik, seiner Funktionsweise und Strategie so schwierig macht. Im Göttlichen ist Wahrheit – und nichts als Wahrheit, denn hier ist nur Wirklichkeit, die weder Täuschung noch Strategie benötigt, um ihr Sein zu postulieren. Wirklichkeit ist einfach. Punktum.

Mein lieber Freund, meine liebe Freundin, Du bist in der Tat nicht und niemals ›allein‹, Du kannst es gar nicht sein. Die Einheit, die Verbundenheit von Alles-was-Ist ist göttliche Eigenschaft und somit ewige, unveränderliche Tatsache. Die Einheit ist das, was Alles-was-Ist zu dem macht, was der Name sagt.

Wo keine Einheit ist, ist nur Teilaspekt, Fragment des größeren Ganzen. Die Absolutheit des Absoluten ist absolut! *(Anm. der Verfasserin: Scherzhaft gesagt.)* Die Verbundenheit von und mit allem, was ist und was sein kann, ist Grundbedingung der Existenz des Göttlichen: Was nicht alles impliziert, das ist gar nichts. Anders formuliert: Was nicht alles ist, das ist nicht wirklich. Im Konzept des Göttlichen kann es keinen Ausschluss geben. Wo immer Ausschluss, also Beschränkung und somit Begrenzung, ist, da kann nicht das Göttliche sein und somit muss es sich dort immer und ausnahmslos um Illusion handeln. Was nicht allumfassend gesehen wird, kann nur Fehlwahrnehmung sein, Mangel an Erkenntnis der übergeordneten und damit einzigen Wirklichkeit. Alles-was-Ist ist mehr als die Summe seiner Teile und Du bist Teil davon: Du bist Teil von diesem ›Mehr‹.

Wir sind uns bewusst, dass hier die Grenze menschlichen intellektuellen Fassungsvermögens überschritten wird, und dennoch gibt es da etwas in Dir, das weiß, dass diese Worte Wahrheit sind. Dieses ›Etwas‹ ist dieses ›Mehr‹. So beweist sich die Wahrheit der Worte durch Dich selbst, so wie sich Alles-was-Ist in jeder seiner Eigenschaften durch Dich selbst beweist.

In *Des Menschen Wunsch und Gottes Wille* haben wir gesehen, wie tief die menschliche Sehnsucht nach Vereinigung, Einheit und Nähe auch innerhalb der materiellen Erfahrungswelt reicht. Vereinigung, die nur ein anderes Wort ist für Liebe oder besser gesagt, die Wahrnehmung dieser Einheit, ist Heilung. Nichts anderes als die Wahrnehmung der Einheit von allem mit allem kann die Zerrissenheit und Sehnsucht des menschlichen Herzens jemals heilen. Die Trennung selbst und als solche, die Illusion des Ego, ist der tiefste Schmerz, der dem Menschen möglich ist. Die Trennungsillusion ist die Abspaltung vom Gewahrsein der eigenen göttlichen Wirklichkeit und damit von sich selbst.

Das Ego, das genau diese Abspaltungswahrnehmung verkörpert, ist niemals in der Lage, sie zu heilen. Heilung würde Egoauflösung bedeuten, die Auflösung des Ego direkt in das unmittelbare Gewahrsein der Wirklichkeit hinein. So kann Heilung innerhalb der Welt der Illusionen nur in dem Maße möglich sein, in dem der Blick auf sich selbst durch Gottes Augen erfolgt. Der Blick des Höheren Selbst, ewig frei von jeder Täuschung und vollkommen klar, eröffnet die Sicht auf die offensichtliche göttliche Allgegenwart und damit auf die Einheit von allem, was jemals sein kann.

Wir dürfen nicht vergessen, dass die Nicht-Wahrnehmung der Einheit und damit das Eintauchen in die Illusion der Trennung Sinn und Zweck der irdischen Inkarnation ist. Es geht um die Erkenntnis dessen, wer und was Du bist und somit um das Wiederfinden Deiner wahren Seinsessenz, aus der Du hervorgegangen bist. Mit anderen Worten: Es geht darum, sich der Liebe zu erinnern. Es geht um die Erkenntnis, dass Du nichts anderes bist.

Diese Erkenntnis kann jedoch nur aus der völligen Dunkelheit des Nichtwissens heraus geboren werden, wenn sie denn eine sein soll. Wo Liebe nicht auf Erkenntnis beruht, da ist sie nicht Selbstzweck und somit gar nicht vorhanden. Die Wahrnehmung der einheitlichen Natur von Alles-was-Ist ist ohne die Liebeserkenntnis niemals möglich, denn sie sind in ihrer Essenz dasselbe. Einheit ist Liebe und Liebe ist Einheit, genauso wie Angst Trennung ist und Trennung Angst. Somit kann das Ego das Versprechen der Nähe und Einheit niemals einlösen, das Göttliche jedoch ist das, was es verspricht. Anders als im Ego sind hier jede falsche Hoffnung und jedes vergebliche Suchen vollkommen unmöglich. Die Wirklichkeit des Göttlichen garantiert Dir, dass Du unfehlbar bekommst, was Du bist, ewig warst und immerdar sein wirst.

»Was einer im Reiche der Wahrheit
erwirbt, hat er für alle erworben.«
Friedrich von Schiller

# 4. Tatsache:
# Der Friede Gottes

## Das verschmähte Geschenk des Himmels

M ein lieber Freund, meine liebe Freundin, das Konzept
des Friedens steht nicht zufällig an letzter Stelle,
sowohl in den Verheißungen des Ego, als auch in der Reihe
der göttlichen Eigenschaften. Wie wir wissen, ist Angst die
Natur des Ego.

Die Erfahrung der scheinbaren Trennung von Gott und die
Erfahrung von Angst sind zwei parallele Ebenen, die nicht
voneinander zu trennen sind, die eine ergibt sich als unaus-
weichliche Konsequenz der anderen. Angst impliziert schon
von ihrer Definition her die Abwesenheit von Frieden. Da
Angst die Abwesenheit von Liebe, genauer gesagt, die Abwesenheit der Wahrnehmung ihrer Allgegenwart ist, kann
unmöglich dort Friede sein, wo Angst ist. So zwingend, wie
Frieden dort ist und sein muss, wo Liebe ist, und beides
gemeinsam erfahren wird, so zwingend kann Frieden nicht
dort sein, wo Angst ist. Müsste man das ›Prinzip Frieden‹
definieren, so wäre die wohl treffendste Formulierung die
›Wahrnehmung von Vollständigkeit‹.

Dies erklärt, warum Frieden niemals getrennt von Liebe
›auftreten‹ kann. Wo Liebe nicht wahrgenommen wird, da
wird Gott nicht wahrgenommen. Wo aber die Allgegenwart
des Göttlichen nicht erkannt wird, kann keine Vollständigkeit
sein. Ebenso ›vertreibt‹ die Angst den Frieden, weil sie nur

dort auftreten kann, wo es an Liebeserkenntnis fehlt. Frieden gehört also so sehr zur Liebe wie das Licht zur Sonne. Das eine ist ohne das andere nicht vorstellbar und auch nicht möglich.

Meine liebe Freundin, mein lieber Freund, wie wir zu Beginn dieses Kapitels sagten, steht der Friede hier nicht zufällig an letzter Stelle. Erst einmal ist dem so, weil das Vorgaukeln des Friedens die für das Ego am schwierigsten zu überwindende Hürde ist, wenn es Dir Rettung und Heilung suggerieren will. Zu weit voneinander entfernt sind die Ebenen von Angst und Frieden, ›zu viel Gott liegt dazwischen‹, über den das Ego hinwegtäuschen muss, wenn es glaubwürdig erscheinen will. Und somit ist die Erleichterung, die das Ego in Dir hervorzurufen in der Lage ist, bestenfalls ein dürftiger Abklatsch göttlichen Friedens, ein unwirklicher Schatten dessen, was Gott Dir mit seiner Wirklichkeit anbieten kann.

Die göttliche Wirklichkeit bietet wirklichen Frieden, weil sie wirklich ist. An dieser Hürde wird das illusionäre Ego ewig scheitern. In unserer Erkundung der göttlichen Tatsachen haben wir den Frieden Gottes auch und besonders deshalb an die letzte Stelle gesetzt, weil er sozusagen die Synthese aller anderen darstellt und sie beweist.

Der Friede ist die logische Konsequenz, die sich aus den übrigen Eigenschaften ergibt und niemals fehlen kann, wo diese wirklich und real sind. Der Friede ist für Dich mehr als nur ein Hinweis auf eine theoretische, abstrakte Gottesgegenwart: Er ist unfehlbares Indiz für Deine Nähe zu Deiner wahren Identität und Wirklichkeit, die Du mit Deinem Schöpfer teilst. Sowie Du an Deiner schöpferischen Macht zweifelst und Dich als Opfer fühlen willst, ist Dein Friede gestört.

Sowie Du an Angriff und Gefahr glauben und Dich bedroht fühlen willst, ist Dein Friede gestört. Sowie Du Dich ungeliebt, isoliert und verlassen von Deinem Schöpfer und seiner Schöpfung wahrnehmen willst, ist Dein Friede gestört. Friede ist nur da und dort gegeben, wo Du mit Gott in Dir und damit mit Dir selbst und Deiner Wirklichkeit in Einklang bist.

Sowie Dein menschliches Gemüt also in einen anderen Zustand als den des Friedens ›fällt‹, kannst Du Dir immer und ausnahmslos gewiss sein, dass Du in mindestens einem der vorgenannten Punkte der Fehlwahrnehmung erlegen bist. Du musst Dich über Dich selbst geirrt haben, indem Du Dich und damit auch die Welt mit den Augen des Ego angeschaut hast, anstatt Dich des Blickes Gottes zu bemächtigen, der Dir immer und allezeit angeboten wird, so Du ihn Dir nur zu eigen machen willst.

Der Friede des Ego kann keiner sein, denn Ego ist Kampf gegen sich selbst und damit auch gegen Dich und Alles-was-Ist. Es ist also keine leere Floskel, wenn Dir gesagt wird, dass der Friede Gottes und damit der Deine Dir unfehlbarer Wegweiser auf Deinem Weg zurück nach Hause ist, also gehe hin in Frieden und bringe Dich selbst nach Hause!


»Die Wahrheit ist nie trostlos.«
Leopold von Ranke

# 5. Teil

# Die Auswirkungen der Angst

## Die Analyse ihrer Dynamik

# 1. Auswirkung:

# Die Verzerrung der Wirklichkeit

## Wenn der Sinn dem Wahn verfällt

Meine liebe Freundin, mein lieber Freund, wir wollen uns nun in ausführlicher Art und Weise den Auswirkungen der Angst auf Dich und Dein Leben zuwenden. Wir werden die Mechanismen erforschen, derer die Angst sich bedient, um sich selbst in erfahrbare und erfahrene Realität umzuwandeln. Erst an späterer Stelle werden wir im Zusammenhang mit Angst von ›Dämonen‹ sprechen, doch schon jetzt sei Dein Sinn für die Tatsache geschärft, dass es sich bei der Angst wie bei jedem anderen Geistesinhalt um eine von Dir selbst erschaffene Form des Bewusstseins handelt und nicht etwa um ein abstraktes, irreales Irgendetwas, das über keinerlei Realitätsgehalt verfügt.

Angst ist Bewusstsein von Deinem Bewusstsein, so wie Liebe Sein von Deinem Sein ist, das nur Gottes Sein entstammen kann. Das Erste, das die Angst tut, wird am häufigsten entweder gänzlich übersehen oder aber in seiner Bedeutung drastisch unterschätzt: Sie ›klopft an Deine Tür‹. Sie bittet um Einlass. Der Mensch übersieht die Gewichtigkeit dieses Umstandes, weil er sich seiner selbst nicht bewusst ist. Wenn Du nicht weißt, wer Du bist, dann kannst Du das Machtpotenzial auch nicht erkennen, das Dir in dieser Situation zu Gebote steht. Du erkennst nicht, dass Du die Wahl hast.

Nun, mein lieber Freund, meine liebe Freundin, wenn Du diese Enthüllung als eine Binsenweisheit abtust, mit der man bei Dir offene Türen einrennt, solltest Du Dich fragen, warum Du Dich dann dafür entscheidest, der Angst Einlass zu gewähren, sobald sie vor Deiner Tür steht, denn offenbar ist es doch sie, die bei Dir die offenen Türen einrennt. *(Anm. der Verfasserin: Scherzhaft gesagt.)*

*In welcher Situation Du Dich auch befinden magst, Du hast immer und ausnahmslos die Wahl: Du hast die Wahl zwischen Liebe und Angst.*

Wenn wir das Szenario in den drei folgenden Kapiteln rein hypothetisch zu Ende durchspielen, dann wollen wir zu Forschungszwecken die Angst siegen lassen. *(Anm. der Verfasserin: Scherzhaft gesagt.)* Dir dürfte bewusst sein, dass, wenn Du Dich an dieser Stelle für die Liebe und gegen die Angst entscheidest, nichts weiter zu tun und keine Angst bleibt, die es zu erforschen gäbe. Dein Problem wäre sozusagen im Keime erstickt und gelöst, noch bevor es angefangen hätte, eines zu werden.

Wenn Du Dich für die Liebe entscheidest, hast Du Dich für die korrekte Wahrnehmung Deiner selbst entschieden. Immer dann, wenn Du mit Dir selbst, mit Deiner einzigen Wirklichkeit, in Einklang bist, bist Du mit Gott in Einklang. Mit Dir selbst in Einklang sein, bedeutet, Dich in Harmonie mit Alles-was-Ist zu befinden oder, genauer gesagt, Dir dieser unzerstörbaren und allgegenwärtigen Harmonie bewusst zu sein. Wenn Du Dich für die Liebe und damit für die Essenz Deines Wesens und Deiner Identität entscheidest, schwingst

Du in harmonischem Gleichklang mit dem Schöpfer, der sich selbst in Dir und durch Dich wiedererkennt. Wo die Entscheidung zugunsten der Liebe getroffen wird, bleibt nichts weiter zu sagen, dort herrscht Vollkommenheit. Der Vollkommenheit aber kann und muss nichts hinzugefügt werden.

*Liebe ist Vollkommenheit und Vollkommenheit ist vollkommen.*

Meine liebe Freundin, mein lieber Freund, wir wenden uns also der zweiten und letzten Deiner möglichen Wahloptionen zu, denn eine andere gibt es nicht. Jede Wahl des Universums, die sich Dir auch immer bieten mag, kann nur eine Wahl zwischen Liebe und Angst sein.

*Es gibt nur Liebe, also kann es auch nur Liebe zu wählen geben. Die einzige Option zur Liebe, die Dir zu Gebote steht, ist die, sie nicht zu erkennen: Das ist Angst.*

Immer dann, wenn Du Dich für die Angst entscheidest, hast Du ›vergessen‹, wer und was Du bist. Du hast vergessen, dass Liebe Deine Natur ist, der Stoff, aus dem Du gemacht bist. Du hast vergessen, wer und was Du bist, und erlaubst es dem Zweifel in und an Dir selbst, Dich mit Angst anzugreifen.

In Unklarheit über Dich selbst bist Du gewissermaßen verwirrt und erliegst der Fehlwahrnehmung Deiner Identität und dem Irrtum über Dich. Du hast vergessen, wessen Kind Du bist. Du hast vergessen, dass Du Geist von Gottes Geist bist. Du hast vergessen, dass Du Teil und Aspekt von Ihm bist, ewig gültig, nach seinem Bilde und Ihm gleich erschaffen. Du hast die Größe und Herrlichkeit Deiner wahren Identität vergessen. Du hast all seine Eigenschaften vergessen, die kraft Deines Erbes auch die Deinen sein müssen: Du hast Dich selbst übersehen. Nur wer sich selbst übersieht kann, sich dem Irrtum der Angst hingeben und ihm verfallen. Solange Du Dir Deiner selbst bewusst und in Klarheit über Dich bist, hat die Angst kaum einen Zugang zu Dir. Wo könnte sie einen finden bei dem, der um die Größe und Allmacht Gottes und damit um die eigene weiß?

Mein lieber Freund, meine liebe Freundin, so ist denn die erste Entscheidung die Frage, ob Du der Angst Tür und Tor öffnen willst oder nicht, schlussendlich eine Frage des Vertrauens. Es ist eine Frage des Vertrauens in die Wirklichkeit Deiner wahren Identität. Hier, am Punkt der Entscheidung, zeigst Du Dir selbst deutlich und unverschleiert, was Du wirklich für die Wahrheit über Dich hältst. Hier geht es nicht um bloße Lippenbekenntnisse, hier geht es um fundamentale Seinsentscheidungen: um die Entscheidung, wie Du Dich wahrnehmen und was Du somit sein willst.

Es geht um unendlich viel mehr, als um die Entscheidung zur Vermeidung oder aber zum Erdulden eines unangenehmen Gefühls. In der Entscheidung für Liebe oder für Angst scheiden sich im wahrsten Sinne des Wortes die Geister. Hier ›spaltet‹ sich der Mensch sozusagen in Ego und Höheres Selbst. Hier entscheidest Du, wessen Kind Du sein willst: das Kind Gottes oder aber das Kind der Welt, die der Illusion von Trennung und Dunkelheit nachgibt.

Die Entscheidung für Liebe oder Angst ist also, wie gesagt, eine Frage des Vertrauens. Es geht in letzter Konsequenz um die grundsätzliche Frage nach Gottes Existenz und somit nach der Deinen. Mit jeder Entscheidung für die Angst postulierst Du schlussendlich Deinen Zweifel an eine dem Schein der Welt übergeordneten Macht in Dir.

*Jede Entscheidung zur Angst impliziert Deinen Glauben daran, dass es Grund gibt, ihr nachzugeben.*

Meine liebe Freundin, mein lieber Freund, welchen Grund könntest Du haben, der Angst nachzugeben? Wenn Du weißt, wer Du bist, was bleibt Dir zu fürchten? Wenn Du Grund hast der Angst nachzugeben, wo ist dann Gott? Nun, in Dir kann Er doch dann nicht sein? Wenn Er aber nicht in Dir ist, dann kannst Du nicht Teil von Ihm sein: Einheit ist – oder aber sie ist nicht.

Wer würde was auch immer fürchten, wenn er sicher und zweifelsfrei um die wirkliche und wahrhaftige Anwesenheit der einzigen und größten Allmacht des Universums in sich selbst weiß? Was bliebe dem zu fürchten, der sich als gültiger, integraler und unzerstörbarer Teil und Aspekt dieser Allmacht erkennt? Was wäre dem Absoluten überzuordnen, wo es doch das Absolute ist? Im Angesicht dieses Bewusstseins muss jede denkbare Furcht verblassen und jede Angst augenblicklich in sich selbst zerfallen.

*Es gibt viele Gründe für Angst und Du kennst sie alle, aber keine Ursache.*

Nur das, was wirklich ist, hat eine Ursache. Nur was aus Alles-was-Ist hervorgegangen ist, kann eine Ursache haben, denn es gibt nichts außerhalb von Ihm, das verursachen könnte. Alles, was existiert, muss also von Gott verursacht, geschaffen sein. Wenn dem nicht so ist, dann kann es nicht wirklich sein. Nichts Wirkliches kann geschaffen sein, dessen Ursache es nicht wäre. Mit anderen Worten:

*Nur was Wirklichem entstammt, ist wirklich. Nichts Wirkliches kann geschaffen sein, dessen Ursache es nicht wäre.*

Nun, mein lieber Freund, meine liebe Freundin, was hat das mit Deiner Angstproblematik zu tun? Es hat alles mit ihr zu tun, denn mit dieser Wahrheit steht und fällt für Dich alles.

Liebe ist die Essenz Deiner göttlichen Natur, die Angst jedoch ist Sache des Ego. Die Angst als solche ist Dir nicht von Gott gegeben, denn Angst ist kein göttliches Seinsattribut. Gott schuf Dir nicht die Angst, sondern lediglich die Möglichkeit, Dich für oder gegen sie zu entscheiden.

*Gott gibt den freien Willen, die Angst gibst Du Dir selbst.*

Gott könnte Dir niemals Angst anbieten, weil sie ein Attribut des Ego und damit der Trennungsillusion ist. Was aber Attribut der Illusion ist, muss selbst Illusion sein. Wie wir gesehen haben, kann Irrtum immer nur Irrtum anbieten, genauso wie die Wirklichkeit immer und ausnahmslos nur sich selbst ausdehnen kann. Die Dinge sind das, was sie sind. Sie sind das, was Gott geschaffen hat und können somit nur Teil seiner selbst sein – oder aber, es sind Egokonstrukte. Nur was aus Gott ist kann wahr sein und was wahr ist, das ist es ewig – oder aber, das ist es nie gewesen und wird es nie sein.

*Jede Schöpfung ist so wirklich wie ihr Schöpfer.*

Gott sieht Deine Angst durch die Augen der Wahrheit. Er sieht sie als das, was sie ist: ein substanzloses Trugbild des Ego, ein Irrtum über Deine Existenz, eine lückenhafte Wahrnehmung Deiner großartigen Identität. Mit dem übergeordneten und untrüglichen Blick dessen, der alles geschaffen hat sieht Er ewig nur die Wirklichkeit Deines Seins, die aus der seinen hervorgegangen ist. Sich seiner selbst in Dir und in allem bewusst, erkennt Er Deine Angst als ein illusionäres Schreckgespenst, das nur innerhalb der Selbstwahrnehmung des Ego Sinn und scheinbare Realität haben kann.

*Deine Angst mag echt sein, was Du fürchtest, ist es nicht.*

Dies bedeutet für Dich, dass auch innerhalb tiefster Dunkelheit irdischer Illusion die Wirklichkeit Deines Seins auf ewig im strahlenden Lichte göttlicher Wahrheit gesichert bleibt. Die Wahrheit über Dich, die die Unantastbarkeit Deiner göttlichen Identität ist, bleibt unfehlbar bewahrt, ob Du ihrer nun gewahr bist oder Dich entscheidest, es nicht zu tun und weiterhin in der Dunkelheit der Illusion zu verharren. In dieser

Wahrheit liegt der tiefe Trost für all jene, die dieses Geschenk des Göttlichen inmitten der Dualität annehmen wollen.

*Die Wirklichkeit Deines Seins ist unantastbar, denn Deine ist die Seine: Du und Er, Ihr seid eins.*

Wie wir schon oft betont haben, ist die Wirklichkeit der Dinge nicht davon abhängig, dass Du Dir ihrer bewusst bist. Wahr ist ewig wahr und Irrtum ist ewig Irrtum. Hierin liegt sowohl die Berechenbarkeit Gottes als auch die des Ego, von der wir anfangs unserer Botschaften gesprochen haben.

Es ist dem Menschen nicht gegeben, göttliche übergeordnete Wirklichkeit zu zerstören – Gott sei Dank –, aber es ist dem Menschen sehr wohl gegeben, die Wirklichkeit uneingeschränkt entsprechend seinem freien Willen zu erfahren. Wie wir in *Des Menschen Wunsch und Gottes Wille* an diesem Punkt unserer Betrachtungen ausgeführt haben:»Gott kann alles, nur nicht nicht Gott sein«. Das ist die übergeordnete, unantastbare Wirklichkeit des großen Alles-was-Ist.

*Gott kann sich selbst ›vorspielen‹, dass Er nicht Gott ist: Das ist was Du tust, wenn Du Angst hast.*

Meine liebe Freundin, mein lieber Freund, dieses ›Gott-kann-niemals-nicht-Gott-sein‹ ist Dir die ewige Gewähr dafür, sozusagen von höchster Stelle *(Anm. der Verfasserin: Scherzhaft gesagt)*, dass jede Angst, die Du auch immer zu erfahren entscheidest, niemals wirklicher Gefahr und Bedrohung für Dich entspringen kann. Welche Angst Du auch immer erfahren willst, welcher Furcht Du Dich auch immer hingeben willst, immer und ausnahmslos bist Du der Täuschung über Dich selbst erlegen. Das Ego gibt vor, die Angst zu fürchten. Doch dem ist nicht so. Das Ego liebt die Angst, denn sie ist seine ureigenste Natur. Immer wenn Du Dich für die Wahrnehmung Deiner selbst als ein Wesen entscheidest, das Ursache zur Angst hat, bestätigst Du die Realität des Ego und gibst damit seiner fiktiven Daseinsberechtigung neue Nahrung. Gott in Dir lässt sich niemals vom Ego täuschen und so erinnert Er Dich daran, dass Angst nicht etwas ist, wie Du so oft zu glauben geneigt bist, das scheinbar von außen über Dich hereinbricht, sondern dass es das Ego selbst ist, das die Angst schürt und sich regelrecht in ihr wälzt. Bei jedem Anflug von Angst und Furcht meißelst Du die Existenz des Ego und damit der Trennung von Deinem Schöpfer in Stein.

Doch wie wir wissen: Wahrheit bleibt Wahrheit und Irrtum wird nicht deshalb zur Wahrheit, weil er sich dafür hält. Gott in Dir ist und bleibt sich Deiner Wirklichkeit auf ewig vollkommen bewusst und seine Klarheit über Dich ist eine absolute, weil seine Klarheit über sich selbst es ist. Und so ist und bleibt die Verzerrung der Wirklichkeit durch die Angst doch immer nur eine Verzerrung ihrer Wahrnehmung und nicht etwa der wirklichen Substanz des Lebens. Was selbst nicht wirklich ist, hat keine wirkliche Macht und kann weder Wirklichkeit hervorbringen noch sie verändern.

## 2. Auswirkung:
# Die Realisierung der Illusion

Wenn das Schwert herniederfährt

Mein lieber Freund, meine liebe Freundin, der Mensch ist nie so sehr er selbst, wie wenn er liebt. Und er ist es nie so wenig, wie innerhalb der Erfahrung von Angst. Die Welt und auch die anderen Verbündeten der Angst machen es Euch nicht einfach, das Ego zu durchschauen und somit die Angst zu erkennen als das, was sie ist:

*Angst ist sowohl Folge als auch Werkzeug der Trennung.*

Als direkte Konsequenz des Trennungswahns bedient sich die Spaltungsillusion nunmehr der Angst, um ihre Gültigkeit in Bewusstsein und Materie zu verankern. Nur durch und mit dem Blick des Höheren Selbst auf Deine menschliche Persönlichkeit ist es Dir jederzeit möglich, Dich der zweifelsfreien Wahrheit über Dich und die Welt zuzuwenden.

In der Wahrnehmung des Höheren Selbst ist jede Täuschung und jeder Irrtum auf ewig ausgeschlossen. Du solltest stets den klaren Blick auf die Tatsache gerichtet halten, dass Du allezeit die Wahl hast, Dich selbst so wahrzunehmen, wie Du es willst und zu tun entscheidest. Das Göttliche Du bietet Dir jederzeit seine Sicht der Dinge an, so Du sie nur zu Deiner

Erkenntnis nutzen willst. Das Ego jedoch kann immer nur Angst anbieten. Im absurden Wahn, eine von der Urquelle allen Seins getrennte Existenz zu haben und haben zu können, kann es sich nur ständig bedroht fühlen.

Nun, im vorangegangenen Kapitel haben wir uns unserer Selbsterforschung zuliebe für die hypothetische Option entschieden, dass Du die Angst wählst. Wir sehen uns also im Folgenden an, was weiterhin geschieht. Im ersten Kapitel haben wir von einer Verzerrung der Wirklichkeit oder besser gesagt einer Wahrnehmungsverzerrung gesprochen. Wenn also jetzt von Illusion die Rede ist, ist damit dasselbe gemeint.

*Eine verzerrte Wirklichkeit ist keine mehr.*
*Wirklichkeit ist absolut oder gar nicht.*

Der Mensch, der sich dem Rausch der Angst hingibt, muss sich an irgendeinem Punkt ›auf dem Weg dorthin‹ über sich selbst geirrt haben, denn sonst wäre er nicht bei der Angst angekommen oder aber, er wäre nicht dort stehen geblieben. Die Angst führt Dich immer an Dir selbst vorbei, denn sie führt Dich weg von der Wahrnehmung der Großartigkeit Deiner Wirklichkeit.

Dort wo der Mensch Angst empfindet glaubt er an ihre Berechtigung, denn sonst wäre er ihr nicht erlegen. Immer wenn Du Angst hast, siehst Du Dich also einer Macht, einem Umstand, einer Situation gegenüber, die Du größer und machtvoller siehst als Dich selbst. Was könntest Du fürchten, das Du als Dir untergeben oder unterlegen wahrnimmst?

Meine liebe Freundin, mein lieber Freund, schon die Tatsache allein, dass Du das Prinzip, das Du da fürchtest, als machtvoll erlebst, muss es in Deinen Erfahrungsbereich ziehen. Es ist sozusagen ein Ruf, eine Einladung und alles gehorcht Deinem Willen. In *Des Menschen Wunsch und Gottes Wille* haben wir ausführlich über die Prinzipien und Mechanismen der Erschaffung von Erfahrungsrealität gesprochen.

Wie Du weißt, sind Deiner schöpferischen Kraft und Macht wie auch Deinem freien Willen keine Grenzen gesetzt, denn Gott würde und könnte sich niemals selbst begrenzen. Du erschaffst Realität kraft Deines Willens, der sich in Deinem Glauben spiegelt. Wir haben es oft gesehen, wieder und wieder wurde es Dir gesagt, hier und anderenorts. Und so betonen wir es erneut, damit Dir ins Herz sinke, was in Deinem Verstand bleiben möchte, damit es Dein Ego nicht bedrohen kann:

*Du erschaffst Realität kraft Deines Willens, der sich*
*in Deinem Glauben spiegelt.*

Du bist die Macht, die entscheidet, was in Deinem Leben zum Ausdruck kommt und was nicht. Du bist die Macht, die entscheidet, was physische Realität wird und was nicht. Du bist die Macht, die entscheidet, was Du zu Deiner ganz persönlichen Wirklichkeit machen willst und was nicht. Du bist die Macht, die entscheidet, welche Erfahrungsrealität Du erleben willst.

Die schöpferische Macht, die Dir kraft Deines göttlichen Erbanteils verliehen ist, hat mehrere ganz spezifische Eigenschaften. Die erste ist die, dass sie immer und ausnahmslos wirksam ist, denn Gott kann nicht ›zeitweise‹ er selbst sein und seine schöpferische Macht an- und ausknipsen wie eine Lampe. *(Anm. der Verfasserin: Scherzhaft gesagt.)* Nun, das ist genau das, was der Mensch von Gott erhofft und erfleht, wenn er darum bittet, dass manches sich realisieren solle und manches nicht. So schmerzhaft die daraus ergebenden Erfahrungen für Dich auch sein mögen, der darin liegende Segen ist unermesslich. Es ist die absolute, ewige Gewähr, dass Dein göttliches Sein unantastbar ist und niemals bedroht oder außer Kraft gesetzt werden kann. Es ist die göttliche Garantie, dass Gott selbst sich seiner in Dir ewig bewusst bleibt, ungeachtet der Tiefe Deiner Illusion über Dich selbst und der Intensität Deiner Fehlwahrnehmungen. Es ist nichts weniger als die Garantie Deines ewigen Lebens! Du kannst Dir also nicht aussuchen, wann Du über schöpferische, gestaltbildende Kraft verfügen möchtest und wann nicht, Du hast sie immer. Du bist sie immer.

*Du kannst Dir nicht aussuchen, ob Du erschaffen willst oder nicht, aber Du kannst Dir aussuchen, was Du erschaffst.*

Die zweite Eigenschaft Deiner schöpferischen Macht ist die Tatsache, dass sie völlig wertfrei wirkt und ausnahmslos Deinem Willen gehorcht. Die Macht macht, was Du ihr sagst, das sie machen soll. *(Anm. der Verfasserin: Scherzhaft gesagt.)* Niemand ist da, der für Dich wertet, aussucht oder entscheidet. Und niemand ist da, der Deine Wahl mit einem Urteil belegen würde – außer Dir selbst.

Deine Macht gehorcht also einfach Deinem Willen, sie ist wie Dein Diener, der Deinen Befehlen stets Folge leistet. Was Du zu erschaffen entschließt, entscheidet sich daran, wie Du Dich selbst wahrnimmst. Dies ist unumgänglich und vollkommen logisch. Die schöpferische Macht wirkt entsprechend Deinem Glauben, der sich in Deinem Willen niederschlägt. Dein Glaube aber ist maßgeblich von Deiner Selbstwahrnehmung abhängig.

In diesem Umstand, der die Vollkommenheit göttlicher Weisheit spiegelt, liegen die ewige Garantie Gottes und die Erklärung für den sicheren Erfolg Deiner Suche nach Selbsterkenntnis:

*Weil Du Dir selbst niemals entfliehen kannst,*
*ist Scheitern unmöglich.*

Mein lieber Freund, meine liebe Freundin, Deine Selbstwahrnehmung entscheidet also darüber, was Du als Wahrheit erkennst und anerkennst. Jeder ist sich selbst das Maß aller Dinge und niemand kann seine Existenz durch etwas anderes definieren als durch sich selbst und aus sich selbst heraus.

Dies ist so, weil Gott in jedem seiner Aspekte die gleiche, nein dieselbe, Gültigkeit hat. Alles-was-Ist ist nicht ›mehr‹ oder ›wahrer‹ in einem Teilaspekt seiner selbst als in einem anderen. Die göttliche Absolutheit macht jeden zum Maß aller Dinge, weil jeder ein ›absoluter Teil‹ dieser Absolutheit ist. Die Unermesslichkeit des Göttlichen ist jenseits jeder Vorstellungskraft und jenseits aller Worte.

Und nun, wo wir denn endlich in unseren Betrachtungen bei Deiner Selbstwahrnehmung und somit beim Dreh- und

Angelpunkt aller Probleme angekommen sind, nähern wir uns sozusagen mit Riesenschritten der menschlichen Angstthematik. Die Art und Weise, wie Du auf Dich selbst blickst, entscheidet darüber, was für Dich wirklich ist und was nicht. Wenn Du Dich aus dem Ego heraus wahrnimmst, bist Du ein anfälliges Wesen. Innerhalb des Selbstkonzeptes des Ego bist Du immer in Gefahr, das Ego fürchtet die Vernichtung und sieht sich immer und überall potenziellen Feinden gegenüber. Das Ego glaubt an seine Schwäche und weiß nichts von Deiner göttlichen Schöpferkraft. Es will davon nichts wissen, denn die Bedrohung durch die göttliche Allmacht ist zu beängstigend.

Die Anerkennung des Offensichtlichen wäre das Ende des Ego, denn es würde sich augenblicklich in die Gotteswahrnehmung auflösen. Es würde zur umfassenden Erkenntnis der Wahrheit über Dich und damit der Wirklichkeit erwachen. Das Konzept vom Ende des Ego ist für viele von Euch so beängstigend, weil es falsch verstanden wird. Alles-was-Ist kann sich selbst nicht zerstören. Dies bedeutet, dass keine wie auch immer geartete existente Energie aufhören kann zu existieren. Was ist, das ist und muss ewig sein, denn nichts ist, das nicht Teil von Alles-was-Ist wäre.

Da es in der Wirklichkeit des Absoluten keine Ausnahmen geben kann, macht Gott es uns ewig leicht, Wahrheit zu erkennen. Hier ist sie wieder, diese herrliche Berechenbarkeit Gottes und damit von allem, was wahr und wirklich ist. Nun, auf das Ego bezogen bedeutet diese Einsicht, die im Grunde und in Wahrheit nur einen Aspekt der göttlichen Unantastbarkeit aufzeigt, dass es auch für das Ego so etwas wie Tod, Zerstörung, Ende nicht geben kann. Wenn Dein Ego endet, dann wirst Du nicht ›weniger‹, dann wirst Du ›mehr‹.

Das Ende des Ego ist keine Zerstörung von Energie und damit von Bewusstsein, es ist eine Veränderung, eine Anpassung an die Wirklichkeit, eine Transformation. Es ist keine Veränderung des Seins, das ist unmöglich, da die göttliche Wirklichkeit ewig unverwandelbar ist. Es ist eine Veränderung der Wahrnehmung dieses Seins. Mit dem Ende des Ego wirst Du deshalb ›mehr‹, weil Du mehr von der Wahrheit über Dich selbst, von Deiner Wirklichkeit, erkennst. Du wirst nicht ›mehr‹ im wörtlichen Sinne, das kannst Du nicht, weil Du schon jetzt alles bist, eins mit Alles-was-Ist, aber Du nimmst mehr von Dir wahr. Das ist Evolution, das ist Selbsterkenntnis, das ist göttliche Ausdehnung seiner selbst, das ist Gottes Grenzenlosigkeit, das ist die Ewigkeit Deines unendlichen, unermesslichen göttlichen Seins.

Der ›Tod‹ des Ego muss Dich nicht fürchten. Mit jedem noch so ›winzigen‹ Liebeshauch, den Du Dir selbst entgegenbringst, geht das Ego seinem Ende einen Schritt weiter entgegen. Es ist unausweichlich, weil Du Liebe und nichts als Liebe bist. Was aber Liebe ist, das kann nicht Angst sein. Die Wirklichkeit wird siegen, sie hat es schon, nicht weil da irgendjemand ist, der es so haben will, sondern weil die Wirklichkeit wirklich ist. Wirklichkeit ist aus sich selbst heraus, weil sie aus Gott heraus ist.

*Was nicht aus Gott heraus ist, das ist gar nicht.*

Nun, meine liebe Freundin, mein lieber Freund, Angst ist nicht wirklich und dennoch ist sie für Dich innerhalb der Dualität sehr real. Genau darin – und nur darin – liegt ihre Macht. Angst ist eine Illusion und somit entsprechend ihrer

Definition nicht wirklich. Was nicht wirklich ist, kann auch keine schöpferische, gestalterische Kraft und Macht haben. Aber Du hast sie. Du erschaffst das, was Du fürchtest, weil Du ihm kraft Deiner Furcht Realitätsgehalt zusprichst. Du machst die Gründe für Deine Angst real, indem Du sie anerkennst. Wer sich der Angst hingibt, macht die Gründe für diese Angst für sich selbst wirklich und somit real erfahrbar. »Was Ihr fürchtet, wird über Euch kommen.« Diese Wahrheit hat Generationen von Menschen in Angst und Schrecken versetzt, in Angst und Schrecken vor der Angst als solche wie auch vor sich selbst. Aus dem Kontext gerissen ist diese Reaktion so nachvollziehbar wie menschlich. Wer sich selbst und seine Geistesinhalte misstrauisch und somit lieblos beäugt, kann nicht wirklich der Lösung näherkommen.

*Wo keine Liebe ist, kann niemals eine Lösung sein und erst recht keine Befreiung von Angst. Liebe ist Befreiung von Angst.*

Niemand ist seiner Angst und der daraus möglicherweise resultierenden Konsequenzen hilflos ausgeliefert. Im rechten Verständnis und im Bewusstsein um die eigene Macht der schöpferischen Kräfte ist dem Menschen alles Rüstzeug gegeben, das er braucht, um der Versuchung der Angst zu widerstehen und dem Phantom der Furcht die Wirklichkeit entgegenzusetzen.

»Was Du fürchtest, wird über Dich kommen«, legt Zeugnis ab, Zeugnis Deiner Macht, und dieses Zeugnis kann Dein Ego benutzen, wenn Du es ihm erlaubst, Dich in Angst und Schrecken vor Dir selbst zu versetzen und Dich als Reaktion darauf noch tiefer vor Dir selbst zu verbergen. Bedenke Mensch, wer Du bist und dass Du immer und ausnahmslos die Wahl hast. Gott gibt sich selbst und damit Dir immer nur Geschenke.

Wenn Du Dich entscheidest, dieses ›Was-Du-fürchtest-wird-über-Dich-kommen‹ Deinem Höheren Selbst zu übergeben, wird Er es Dir zum Segen und zum Nutzen gereichen lassen. Er wird es Dir als Zeugnis Deiner Kraft und Macht vor Augen führen und somit als Erinnerung an Deine Wirklichkeit, die jede Illusion über Dich verblassen lässt.

*Fürchte Deine Macht nicht, sondern liebe sie!*
*Sie beweist Dir, wer und was Du bist.*

Wenn Du Deine Macht anerkennst und Dich mit ihr liebst, dann kann das Wunder geschehen, das immer, ausnahmslos und unfehlbar dort in Erscheinung tritt, wo Liebe ist: Die Angst löst sich auf. Sowie sie erkannt ist als das, was sie ist, kann sie sich nicht länger halten. Wo Liebe ist, muss alles weichen. Was Du fürchtest, kann nur deshalb über Dich kommen, weil Du es so willst.

»Du brauchst nur zu lieben
und alles ist Freude.«
Leo Graf Tolstoi

## 3. Auswirkung:
# Die Verwechslung der Ebenen

### Wenn die Wirklichkeit der Erfahrung erliegt

Meine liebe Freundin, mein lieber Freund, was wir letztlich versucht haben, Dir mit den vorangegangenen Mitteilungen aufzuzeigen, ist die Tatsache, dass Erfahrungsrealität als solche nicht ihre Inhalte beweist, sondern ›lediglich‹ Deine schöpferische Macht. Mit anderen Worten: Erfahrung ist subjektiv, und zwar auf einer anderen Ebene, als Dir dies bewusst sein mag.

Die Wirklichkeit, Deine Wirklichkeit, ist eine absolute: unveränderlich, unwandelbar, ewig gesichert und allezeit sich selbst gleich bleibend. Dies ist Deine ›wirkliche‹ Wirklichkeit, Dein wahrhaftiges Sein. Es ist das ›Du‹, das Dein Höheres Selbst sieht, wenn es auf Dich blickt. Es ist Dein ewiges ›Ich-Bin‹. Diese übergeordnete Wirklichkeit ist die Wirklichkeit Gottes und erst einmal sollten wir die Begrifflichkeiten klären.

Wenn wir von ›übergeordnet‹ reden, müssen wir uns in erster Linie einig darüber sein, wem oder was diese Wirklichkeit denn da übergeordnet sein soll. Etwa Dir selbst? Nun, ja und nein, es ist wie so oft eine Frage der Ebene, von der aus man die Dinge analysiert. Im Grunde und in Wahrheit kann es nichts geben, was Dir selbst übergeordnet sein könnte. Wie könnte es auch anders möglich sein, bist Du doch ein integraler Teil von Alles-was-Ist und somit des Höchsten? Da dem Höchsten nichts übergeordnet sein kann, kann letztlich auch Dir nichts übergeordnet sein. Wenn wir also von ›übergeordnet‹ sprechen, dann kannst nicht Du gemeint sein, sondern vielmehr ein Aspekt Deiner Persönlichkeit. Die übergeordnete Wirklichkeit ist nicht Dir übergeordnet, sondern Deiner Wahrnehmung dieser Wirklichkeit. ›Übergeordnet‹ impliziert einfach nur, dass diese Wirklichkeit mehr, sehr viel mehr einschließt, als Dir bewusst ist.

Mein lieber Freund, meine liebe Freundin, die Wirklichkeit, von der wir hier reden, ist und bleibt davon vollkommen unbeeinflusst und unberührt.

*Gottes Sein ist nicht abhängig davon, dass es erkannt wird. Darin liegt Deine ewige Sicherheit.*

›Übergeordnete Wirklichkeit‹ ist also schlussendlich nur eine andere Formulierung für übergeordnete Sicht oder, um es exakt auszudrücken, für Erkenntnis. Die Wirklichkeit ist schließlich immer gegeben und keine Frage ihrer Erkenntnis, sonst wäre Wirklichkeit nicht wirklich.

Wie wir gesehen haben, ist Wirklichkeit immer oder sie ist gar nicht. Nun ist Wirklichkeit aber nicht nur immer, wenn sie wirklich ist, sondern auch überall. Dies bedeutet, dass ›übergeordnete Wirklichkeit‹ in jeder Dimension, auf jeder Stufe der Erkenntnis, dieselbe ist. Auch hier gilt: Der Grad der Wahrnehmung von Wirklichkeit ist für die Wirklichkeit als solche nicht relevant. Er hat keinerlei Einfluss. Alles-was-Ist ist und bleibt immer und überall ganz und gar Er selbst. Für die Wirklichkeit Gottes ist nichts relevant, da sie eine absolute ist. Wieder sehen wir uns mit dieser wundervollen göttlichen Berechenbarkeit konfrontiert, die uns das Geschenk ewiger Sicherheit anbietet.

*Deine Geborgenheit in der unverwandelbaren Wirklichkeit göttlichen Seins ist unantastbar.*

Wer oder was sollte es wagen, sie zu bedrohen oder infrage zu stellen, kann es doch nichts geben, das nicht Teil dieser Wirklichkeit wäre? Was immer diese Wirklichkeit infrage stellt, muss also ›außerhalb‹ von ihr stehen. Das würde jedoch bedeuten, dass es etwas geben muss, das außerhalb von Alles-was-Ist steht. Das wiederum würde die Wirklichkeit von ›etwas‹ implizieren, das nicht Teil des All-Einen wäre und somit wäre Alles-was-Ist eben doch nicht ganz Alles-was-Ist, sondern nur Fast-alles-was-Ist. *(Anm. der Verfasserin: Scherzhaft gesagt.)* Doch Alles-was-Ist ist, was sein Name sagt.

Nun, meine liebe Freundin, mein lieber Freund, es gibt doch etwas, das diese Wirklichkeit infrage stellt und somit anzugreifen versucht und wie wir gesehen haben, kann dieses Etwas nicht Teil der Wirklichkeit sein, denn was würde sich selbst angreifen? Was aber nicht Teil der Wirklichkeit ist, das muss Illusion, Irrtum, Fehlwahrnehmung sein. Und genau darin besteht das Wesen der Illusion: Sie hält sich selbst für wirklich.

*Das Illusionäre der Illusion ist die Illusion, die Wirklichkeit sei angreifbar.*

Die Infragestellung der Wirklichkeit findet auf mehreren Ebenen statt. Erst einmal ist sie eine rein geistige Angelegenheit. Jedes Mal, wenn Du dem Phantom der Angst nachgibst, ihm Glauben und somit Macht und Realität verleihst, findet ein Angriff auf die Wirklichkeit, auf Deine Wirklichkeit, statt. Was aber Angriff auf Deine Wirklichkeit ist, das ist Angriff auf Dich. Angst haben ist, Dich selbst angreifen.

*Angst ist die aggressivste Form des Selbstangriffs und die einzig mögliche.*

Der Mensch, der sich der Täuschung über sich selbst, denn nichts anderes ist Angst, hingibt, hat sich selbst angegriffen, weil er die Wahrheit über sich selbst mit Füßen tritt. Wenn Du der Anziehung der Angst folgst, bist Du aus Deinem Ego heraus, denn Dein Höheres Selbst würde niemals dem Ruf der Angst Folge leisten, weiß es doch allzeit um die Vollkommenheit Deines göttlichen Seins, die ewig jenseits jeder möglichen Bedrohung sein muss.

Das Höhere Selbst weiß um die übergeordnete Wirklichkeit, es ist sozusagen ›in‹ ihr und nimmt nur das für bare Münze, was der Wirklichkeit entspricht. Hier, in der unwandelbaren göttlichen Wirklichkeit, hat es sein Zuhause, wie auch Du das Deine hier hast. Anders gesagt: Für das Höhere Selbst ist nichts wirklich, was nicht Liebe ist, so wie für das Ego nichts real ist, was nicht auf Trennung und somit auf Angst beruht.

Wir müssen uns immer vor Augen halten, wovon wir sprechen, wenn von Ego die Rede ist. Ego ist nur ein Synonym für die Spaltungsillusion und somit ein anderes Wort für Irrtum. Man könnte sagen, das Ego ist nichts anderes als ›Wahrheit, die sich irrt‹. Und so ist es, denn nichts könnte dem Irrtum anheimfallen, das nicht wirklich wäre. Der Irrtum setzt die Gegenwart von jemandem voraus, der sich irrt. Hier sind wir nun an etwas heikler Stelle, denn hier ist sozusagen der Schnittpunkt von Irrtum und Wahrheit. Das, was sich über Dich irrt, Du, ist Wirklichkeit. Diese Wirklichkeit beinhaltet jedoch den Irrtum und das macht die Sache für Dich mitunter so undurchsichtig, denn ›manches‹ in Dir, die Wahrheit, ist, während anderes in Dir, der Irrtum, nicht ist. Wie Du schon ahnst liegt, das A und O Deines Lebens darin, zwischen beidem richtig zu unterscheiden. *(Anm. der Verfasserin: Scherzhaft gesagt.)*

Die erste Ebene des Angriffs auf die Wahrheit über Dich selbst ist also die Angst. Alles, was ihr vorausgehen und sie ermöglichen kann, sind die Bausteine der Illusion an der werdenden Erfahrung, die da heißt: Angst und ihre Realisierung. Diese Bausteine, uns zur Genüge bekannt, sind der Glaube an Trennung mit all seinen unausweichlichen Folgen: Der Glaube an Machtlosigkeit, an Bedrohung, an Opfersein. Wo diese Bausteine der Illusion nicht sind, da kann auch keine Angst sein, denn wo keine Trennungswahrnehmung ist, da ist Angst vollkommen unmöglich.

Wir haben gesehen, wie die Illusion sich sozusagen aus menschlich-irdischer Sicht der Dinge mit der Wirklichkeit zu vermischen scheint. Nun, diese Wirklichkeitskomponente, die mitspielt und mitspielen muss, ist grundlegend für die zweite Ebene des Angriffs auf die Wahrheit über Dich. Diese zweite Ebene nutzt Deine Wirklichkeit, indem sie sich Deiner Schöpferkraft bedient. Mit anderen Worten: Die uneingeschränkte Schöpferkraft deiner göttlichen Identität ermöglicht Dir genauso, Illusion zu realisieren wie Wirklichkeit:

Du hast die Macht der Fehlschöpfung.

Wie wir wissen, wertet das Universum nicht. Das Göttliche sieht immer nur Deine Wirklichkeit, Deine gottgegebene Macht des Erschaffens und die absolute, unbegrenzte Willensfreiheit, Dich dieser Macht zu bedienen. Gott sieht in Dir nur sich selbst, denn das ist Deine Wirklichkeit. Alles, was nicht Er ist, bist auch nicht Du und ist somit nicht die Wahrheit über Dich. Diese Wirklichkeit kann sich jedoch nicht selbst begrenzen und einschränken, denn das würde bedeuten, dass das Absolute nicht absolut ist.

*Die Wirklichkeit kann sich selbst nicht verleugnen.*

*Würde sie es – und sei es, um Dich vor Dir selbst und Deinen Illusionen zu schützen –, dann würde sich die Wirklichkeit selbst zur Illusion machen und Du wärst wahrlich verloren. In Gott ist dies auf ewig unmöglich.*

Die Wirklichkeit verleugnen hieße, das Gott-Selbst und damit das Du-Selbst verleugnen. Die Liebe kann sich selbst nicht verleugnen, Liebe kann nur das, was sie ist. Begrenzte Grenzenlosigkeit ist keine mehr und somit muss Deine Willensfreiheit eine unbedingte und unter allen Umständen gültige sein: Gott ist ›immer‹ Gott, sonst wäre Er Teil der Illusion.

Deine uneingeschränkte Willensfreiheit erlaubt es Dir, Dich entsprechend Deiner Selbstwahrnehmung zu definieren und dies nach innen wie auch nach außen. Du erschaffst, was Du glaubst, und erlebst es als Realität. Sie ist Deine ›ganz persönliche Wirklichkeit‹, die wir Realität nennen, und geht nur in gewissen Aspekten mit der übergeordneten Wirklich-

keit konform. Immer da und dort, in allen Aspekten, in denen
Du liebst, ist Deine Realität, Deine persönliche Wirklichkeit,
in Einklang und somit in Harmonie mit der übergeordneten
Wirklichkeit, wie sie das Höhere Selbst erfährt und anerkennt.

Wo Liebe ist, kann immer nur Wahrheit sein. Wo sie ist,
kann niemals ein Irrtum vordringen. Liebe ist das göttliche
Heilungsangebot, das jeden Irrtum über Dich selbst hinweg-
fegt. Sowie Du in Deine Liebe ›gehst‹, bist Du in der Wahrheit
über Dich und damit in der übergeordneten Wirklichkeit des
Höheren Selbst. Hier findest Du immer und ausnahmslos
Berichtigung Deiner Fehlwahrnehmungen.

*Liebe ist die Berichtigung Deiner Fehlwahrnehmun-*
*gen, denn wo Liebe ist, da ist Gott und da braucht es*
*nichts anderes mehr.*

Die Dir gegebene Macht der Fehlschöpfung ist eine Konsequenz der Dualität. Innerhalb dieser polaren Dimension der
Wahrnehmung ist es unmöglich, das Licht ohne das Dunkel
zu erfahren. Doch Du solltest Dir bewusst sein, dass Gott
immer nur Geschenke gibt.

Immer liegt der Segen im Fluch wie der Fluch im Segen,
denn beide sind eins. Dort, wo Du die Möglichkeit der Fehlschöpfung hast, wo Du gegen Dich selbst erschaffen kannst,
da kannst Du es auch mit Dir und entsprechend Deiner ewig
gültigen Wirklichkeit. Die Disharmonie, die entsteht, wenn
das, was Du fürchtest, über Dich kommt, weil Du es mit ›Leben‹ erfüllst und zu Dir gerufen hast, muss wahrlich niemand
Dir beschreiben. Du erfüllst das, was Du fürchtest, mit

Leben, mit Bewusstsein. Es ist Bewusstsein von Deinem Bewusstsein und Du hast die freie Wahl, es zu verschenken, wohin immer Du willst.

Dir steht es jederzeit vollkommen frei, Dein Bewusstsein Deiner Wirklichkeit zuzuwenden oder aber es in Richtung der Angst und damit der Illusion zu leiten. Du wirst dem Leben einhauchen, Leben von Deinem Leben, das Du in Dir für lebendig hältst. Niemand kann sich selbst entfliehen und Du kannst und wirst immer nur Ausdehnungen Deiner selbst ins Außen projizieren. Du wirst Dir selbst unfehlbar Deinen Glauben über Dich selbst realisieren. Du machst die Wahrnehmung Deiner selbst zu einer im Außen, in der Materie erfahrenen Realität.

*Deine Erfahrungsrealität ist nichts anderes als in Materie übersetzter Glaube über Dich selbst.*

Je mehr diese Realität Deiner göttlichen Wirklichkeit entspricht, umso beglückender, liebevoller und friedvoller sind diese Erfahrungen. Weil der Mensch nach Glück strebt, das nur ein anderes Wort für Vollendung ist, wird er nicht aufhören, sich seine und seiner Erfahrungsrealität zu stellen. Das Streben des Menschen nach Konformität zwischen seiner Erfahrungsrealität und der göttlichen Wirklichkeit ist unwiderstehlich.

Dieses Streben kommt dem Ruf Gottes gleich, der seine Kinder nach Hause ruft, zurück in die Seligkeit des Gewahrseins immerwährender Einheit. So will es Gott, so will es Gott in Dir. Jede Entscheidung für die Angst und ihre Umsetzung in Erfahrungsrealität ist nichts anderes als der Versuch,

Dich über Dich selbst zu täuschen. Die physisch-materielle Umsetzung Deiner Befürchtungen ist von besonders großer Überzeugungskraft. Das ist ihr Sinn und Zweck. Der Mensch glaubt und vertraut nichts so sehr wie seinen Erfahrungen, vor allem jenen, die auf Angst beruhen. So geht denn jeder von Euch mehr oder minder traumatisiert durchs Leben und Ihr seht nicht, dass Ihr selbst es seid, die Euch zu diesen Erfahrungen geführt haben.

*Der Wirklichkeitsgehalt Deiner Erfahrungsrealität ist genauso groß wie ihr Liebesgehalt. Dies stimmt immer und ausnahmslos. Für Dich, für jeden Menschen, für die ganze Schöpfung. Nur Liebe ist.*

Wirklichkeit ist absolut. Erfahrung ist relativ. Du kannst beides haben – gleichzeitig!

»Die Liebe ist die Schöpferin und
Meisterin aller Dinge und
Gottes älteste Gesellin.«
Ernst Moritz Arndt

# 6. Teil

## Die Bewältigung
## der Angst

### Die Erforschung
### der Gegenmaßnahmen

# 1. Voraussetzung:
# Die Akzeptanz ihrer Realität

So sei denn, was nicht sein darf

M ein lieber Freund, meine liebe Freundin, es mag Dich auf den ersten Blick wundern, dass wir als erste Voraussetzung für die Überwindung von Angst ihre Akzeptanz stellen, und dennoch ist dem so.

Der Mensch hat sich im Hinblick auf seine Probleme und Leiden viele verschiedene Selbstschutzstrategien und zum Teil absurde, unwirksame Verteidigungsmechanismen zugelegt. Dies ist in Anbetracht des Leidensdrucks, den ausgerechnet und gerade die Angst auf den Menschen ausübt, sowohl angemessen als auch nachvollziehbar. Tragisch ist nur, dass viele dieser Strategien weder hilfreich noch sonst in irgendeiner Weise dienlich sind.

Wie wir bereits mehrmals ausgeführt haben, ist Angst der unangenehmste aller möglichen Gemütszustände. Es sei an dieser Stelle daran erinnert, warum dem so ist. Angst ist deshalb geradezu unerträglich, weil sie Deiner wahren Natur und damit der Essenz, aus der Du geschaffen bist, am widersprüchlichsten ist. Es gibt nichts, was weniger ›Du‹ ist, als Angst. Im Stoff des Göttlichen gibt es keine, nicht die geringste, Angstkomponente. Somit ist Angst für Dich das, was ein körperfremdes Gift für Deine Physis ist. Furcht ist im wahrsten Sinne des Wortes Gift für Dein Gemüt.

Angst ist Selbstverleugnung, denn sie ist nur dort möglich, wo Du Dich selbst nicht als Teil und Aspekt der Einheit und Liebe erkennst und erfahren willst. Angst ist also grundsätzlich und ausnahmslos ein Akt der Selbstverleugnung, denn sie ist die Voraussetzung für jede Furcht. Dies ist die erste Komponente der Selbstentfremdung.

Die zersetzende Macht des Giftes Angst geht jedoch, wie wir sehen werden, noch einige Komponenten weiter. Als sei dem nicht genug, setzt der Mensch dem ersten Schritt der Verleugnung oftmals einen zweiten hinzu: Er verleugnet die Angst als solche. Wir müssen uns deutlich vor Augen führen, was hier geschieht: Der Mensch muss sich selbst verleugnet haben, seine wahre Identität, denn er ist von Angst ›befallen‹ worden. Er ist der Täuschung, dem Irrtum über sich selbst, erlegen und hat sich somit vom ›originalgetreuen‹ Gewahrsein seiner selbst entfernt. Wo Angst ist, kann unmöglich korrekte Selbstwahrnehmung sein, denn die Angst ist der Wahrnehmungsirrtum.

Der Mensch, dem dies sehr verständlicherweise schon schwierig und unangenehm genug ist, versucht sich selbst zu helfen und aus seiner misslichen Lage zu befreien. Nun, es ist wieder einmal sozusagen die Weisheit Gottes und die Dummheit des Menschen, von dem, was nicht gewünscht ist, einfach zu behaupten, dass es nicht da sei. *(Anm. der Verfasserin: Scherzhaft gesagt.)* Wenn Gottes Rechnung in dieser Hinsicht aufgeht, nicht aber die des Menschen, dann liegt das daran, dass es in Gott keinen Widerspruch gibt zwischen dem, was gewünscht wird, und dem, was ist.

Meine liebe Freundin, mein lieber Freund, dem Menschen nützt es wenig zu behaupten, dass nicht da sei, was er doch selbst erschaffen hat. Was Du erschaffst, das ist da, was immer es auch sei. Das ist die Wirkung Deines ›Ich-Bin‹. Hier wird also der ersten Verwirrung über Dich selbst eine weitere, eine zweite Komponente hinzugefügt. Die erste Verwirrung, die aus der Verleugnung des göttlichen Selbst und der Hingabe an die Angst herrührt, bekommt ›Verstärkung‹. Ein weiteres Mal wird Deine wahre Identität verleugnet, denn Du verdrängst Deine eigene Schöpferkraft. Du verleugnest Deine Schöpferkraft, wenn Du Deine Schöpfung verleugnest.

*Seine Schöpfung verleugnen, ist, sich selbst verleugnen.*

Seine Schöpfung verleugnen bedeutet, auch sich selbst als Ursache für null und nichtig zu erklären und somit ist es nichts Geringeres, als sich selbst jeglichen Wirklichkeitsanspruch abzusprechen. So sehr diese Schöpfung Fehlschöpfung ist, denn schließlich reden wir ja hier von Angst, so sehr ist sie dennoch – Schöpfung.

An dieser Stelle unserer Überlegungen spielt die ›Qualität‹ Deiner Schöpfung, ihr Wirklichkeitsgehalt, ausnahmsweise und auch nur vorübergehend eine untergeordnete Rolle. Hier geht es einzig um die Feststellung Deiner schöpferischen Macht und somit um die eindeutige Klärung Deiner Identität als solche. Wer die Verleugnung verleugnet, ist sich ihrer nicht bewusst. Darin liegen ihr großer Schaden und auch ihre Macht. Wovon Du nicht weißt, dass es ist, das kannst Du nicht beenden oder auch anerkennen. Diese doppelte Ebene der Verwirrung über Dich selbst ist deshalb so unheilvoll für Dich, weil sie Dich jeder Beweglichkeit, jeglicher Reaktionsfähigkeit beraubt. Du bringst Dich durch die Verleugnung in eine Situation, die Dich handlungsunfähig macht. Worauf solltest Du reagieren, wenn Du Dich glauben machst, dass da nichts sei, worauf es zu reagieren gäbe? Und hier hätten wir sodann die dritte Komponente der Entfremdung von Deiner wahren Identität. Die – scheinbare – Handlungsunfähigkeit gibt dem Ego und damit der Angst neue Nahrung. Sie meißelt sozusagen all die Gründe in Stein, derentwegen es überhaupt erst zur Angst gekommen ist: der Glaube an Deine Machtlosigkeit, die Aberkennung Deiner wahren Größe und Herrlichkeit. Du handelst nicht, weil Du nicht erkennst, dass es etwas zu handeln gibt. Der wirkungsvollste Angriff des Ego auf Dich selbst ist der, den Du nicht als solchen erkennst. Die Zersetzung der Wahrnehmung Deiner Wirklichkeit kann ungehindert ihr Unwesen treiben. Und somit schließt sich der Kreis der Angst und die Dinge bleiben, wie und was sie sind: unerkannt und daher unangetastet – für dieses eine Mal.

Und Du, mein lieber Freund, meine liebe Freundin, hast von alledem ›nichts bemerkt‹, außer aber, dass Dein Friede gestört ist. Frieden ist, wie wir gesehen haben, völlig abhängig von Liebe und somit ist er auch allzeit vollkommen unbestechlich. Wo Verleugnung ist, kann niemals Frieden sein, so sehr das Ego sich auch bemühen mag, diesen Frieden vorzutäuschen und zu imitieren. Ego kann Dir niemals Frieden bieten, da er ein Attribut Gottes ist und nur aus Ihm hervorgehen kann. So kann Frieden nur dort sein, wo Liebe ist. Da die Verleugnung als solche schon der Beweis für die ›Abwesenheit‹ von Liebe ist, können Frieden und Verleugnung niemals gleichzeitig vorhanden sein. Verleugnung bedeutet von ihrer Substanz her, dass es da irgendetwas gibt, geben muss, das nicht geliebt und somit nicht als Teil des Selbst akzeptiert, anerkannt und integriert wird. Das ist das Prinzip der Verleugnung: Nicht-haben-Wollen. Dieses Nicht-haben-Wollen kann aber im Grunde und in Wahrheit nichts anderes bedeuten, als Nicht-sein-Wollen. Hier tritt das wahre Gesicht der Verleugnung deutlich zutage:

*Verleugnung ist Selbstverstümmelung und damit ein machtvoller Akt der Aggression gegen Dich selbst. Verleugnung ist nur scheinbar passiv.*

Wie könnte sie also nicht der perfekte Lakai der Angst sein? Wo Angriff ist, kann unmöglich Frieden sein. Und so ist auch die Stille, die den wahren Frieden immer und ausnahmslos begleitet, im trügerischen, falschen Frieden der Verleugnung eine unwirkliche.

*Wer den Mut hat, der trügerischen Stille der Verleugnung zu lauschen, der hört, wie die Angst die Messer wetzt.*

Verleugnung ist schon ihrem Wesen nach ein Lieblingskind der Illusion und damit der Angst. Verleugnung ist selbst illusionärer Natur und kann als Kind der Illusion niemals etwas anderes sein. Wie wir wissen, kann Irrtum unmöglich Wirklichkeit hervorbringen. Das Prinzip der Verleugnung besteht in dem Versuch, das Wirkliche unwirklich und das Unwirkliche wirklich zu machen.

Wir erinnern uns an die Unantastbarkeit des Göttlichen und somit ist uns bewusst, dass dies ewig vollkommen unmöglich sein muss. Die Macht der Illusion mag eine große sein, dennoch ist sie eine rein fiktive und bis in die Sphären der Wirklichkeit kann sie niemals reichen. Nichts kann jemals Wirklichkeit verändern, Alles-was-Ist bleibt ewig, was Er ist.

Verleugnung will das unwirklich machen, was doch erschaffen ist und so die angebliche Unwirklichkeit des Wirklichen zur Wirklichkeit erheben. Das eine ergibt sich zwangsläufig aus dem anderen, der Verrat an Deiner Wirklichkeit ist dennoch ein zweischneidiges Schwert. Es ist gewissermaßen ein Derivat der Dualität, dass Du die beiden Gesichter der Verleugnung nicht separat voneinander erleben kannst.

Vereinfacht ausgedrückt könnte man sagen, dass Verleugnung niemals nur eine Lüge im Gepäck hat, sondern immer nur ›Betrug im Doppelpack‹ anbietet. Es liegt in der Natur der dualen Wahrnehmung, dass eine Realität nicht sich selbst postulieren kann, ohne gleichzeitig ihr Gegenteil zu bezeugen. Somit bist Du, wenn Du Dich der Verleugnung anvertraust, der Entfremdung von Dir selbst in doppelter Weise anheimgefallen. Sein Vertrauen in die Verleugnung zu setzen, bedeutet im Grunde und in Wahrheit, nicht sein zu wollen.

Wie wir in *Des Menschen Wunsch und Gottes Wille* ausführlich gesehen haben, sind sowohl der Freiheit Deiner schöpferischen Macht als auch der Freiheit Deines Willens keine Grenzen gesetzt, außer einer: Du kannst niemals nicht sein. Das ist der Grund, warum Verleugnung niemals funktionieren kann.

Meine liebe Freundin, mein lieber Freund, weil niemals nicht sein kann, was ist, und niemals das sein kann, was eben nicht ist, kann Verleugnung niemals wirklich den Schmerz

der Angst lindern. Angst ist schmerzhaft! Sie ist der größte
aller Schmerzen und im Grunde und in Wahrheit der einzig
mögliche. In der Vermeidung und Heilung des Schmerzes
liegt jedoch die Motivation für die Verleugnung, denn welchen anderen Nutzen könntest Du Dir von ihr versprechen?
Welchen anderen Nutzen könnte es geben?

*Verleugnung lindert den Schmerz der Angst nicht, sie
verlagert ihn. Sie versteckt ihn vor Dir, doch dies
schützt nicht Dich, sondern die Angst.*

Verleugnung verlagert den Schmerz der Angst ins Reich des
Unsichtbaren, dorthin, wo Du nicht nachsehen willst. Das
Fatale daran ist, dass die Angst eben genau aus diesem Grun-
de erhalten bleibt. Hier wird die Verleugnung als Lakai des
Ego und damit als der falsche Freund erkannt, der sie ist.

Die im wahrsten Sinne des Wortes wirklichen Freunde,
die Du brauchst, wenn Du in Versuchung bist, Dich dem Irrtum über Dich selbst und somit der Illusion der Angst hinzugeben, wirst Du niemals dort finden, wo die Illusion her-
kommt. Es gibt nur eine Quelle der Illusionen, weil es nur
eine Illusion gibt. In viele verschiedene Gewänder gekleidet
bleibt sie dennoch immer ein und dieselbe. Genauso, wie es
nur eine Wahrheit geben kann.

Alles führt immer und unfehlbar nur zu sich selbst zurück.
Die Liebe zum Selbst kann der einzig wirkliche Freund im
Kampf gegen die Illusion der Angst sein. Sie ist das einzige,
das dich befähigen kann, die Angst als das Trugbild zu erkennen, das sie ist. Wo Illusion als solche erkannt ist, da ist sie
nicht länger existent. Liebe nimmt der Angst den Wind aus

den Segeln, auch der Angst vor der Angst, die zur Verleugnung führt. Liebe macht stark genug vom Tiger, den man reitet, abzusteigen und ihm ins Auge zu sehen.

*Nur wer sich der Angst stellt, dem kann sie sich ergeben.*

Mein lieber Freund, meine liebe Freundin, im Zuge des Erwachens eines gewissen spirituellen Bewusstseins ist sich der Mensch zunehmend und weitaus deutlicher der Macht seiner Gedanken- und Gefühlsinhalte bewusst geworden. Nach langen Zeiten der Blindheit für das eigene schöpferische Potenzial hat er nunmehr die Augen geöffnet für die Erkenntnis der Mechanismen göttlicher und damit menschlicher Schaffensprozesse.

Im Zuge dieser sehr erfreulichen Entwicklung, die mit großem Interesse und großer Bewunderung im ganzen Universum zur Kenntnis genommen wird, geht der Mensch dem Ego in die Falle, wenn er nun vermehrt Angst vor der Angst entwickelt. Der Erschaffung von Erfahrungsrealität liegen extrem umfangreiche und komplexe Prinzipien zugrunde und wenn der Mensch vor sich selbst Angst entwickelt, weil er fürchtet, jede seiner Ängste, Befürchtungen und Sorgen umgehend in Erfahrungsrealität umzusetzen, dann ist ihm nicht wirklich gedient. Wenn dem so wäre, dann hätte die Menschheit wohl kaum einen einzigen Tag überleben können. *(Anm. der Verfasserin: Scherzhaft gesagt.)*

Angst ist menschliche Erfahrungsrealität. Wer Angst vor seinen Gefühlen hat, hat Angst vor sich selbst und entfremdet sich von seiner Unbefangenheit im Umgang mit den eigenen

Emotionen. Damit kannst Du schlussendlich nur das Kind mit dem Bade ausschütten und Dich von Deinem eigentlichen Ziel entfernen, denn Du erklärst Dich dadurch zu Deinem eigenen Feind.

Es ist vom Denkansatz her sicherlich völlig korrekt und angemessen, wenn der Mensch sich im Bewusstsein um die Macht und Wirkung seiner Gedanken um das viel zitierte ›positive Denken‹ bemüht. Der größte Gewinn dieser Lehren liegt jedoch in der Anerkennung der Macht als solche. Natürlich ist es richtig, dass positive Geistesinhalte eher angenehme Resultate zeitigen als negative.

Gleiches erzeugt Gleiches, jede Energie zieht gleichschwingende Energien an. Das Gedanken- und Gefühlsbewusstsein erkennt und bestätigt seine Realität in der Verbindung mit gleichgearteter Energie. Die Sache mit dem ›positiven Denken‹ ist deshalb so oft von Misserfolg gekrönt, weil der Mensch den dualen Charakter aller Erfahrung nicht wahrhaben will und das Negative einfach verleugnet, anstatt es in die Erfahrungsrealität einzubeziehen. Ihr könnt der Dualität nicht entfliehen. Schon die Tatsache, dass man sich zu positiven Gedanken ›überreden‹ muss, beweist, dass die innere Realität eine andere ist. Diese muss und will erst anerkannt sein, bevor Änderung und somit Heilung möglich ist.

*Wenn Du Heilung willst, dann musst Du nicht positiv denken. Wenn Du Heilung willst, dann musst Du liebevoll denken, von Dir und für Dich.*

Liebe Dich selbst, es gibt keinen anderen Weg der Heilung von Angst und Schmerz.

## 2. Voraussetzung:
# Die Überwindung ihrer Anziehungskraft

### Und führe Dich nicht in Versuchung

M eine liebe Freundin, mein lieber Freund, die erste Voraussetzung der Überwindung von Angst haben wir im vorangegangenen Kapitel erforscht. Jeder Mensch wird verstehen, dass die Konfrontation mit einer Gegebenheit unmöglich ist, wenn man sie gleichzeitig vermeidet. Nun, Angst lässt sich nicht immer verleugnen und ob beziehungsweise inwiefern sie es tut, ist eine sehr komplexe und vielschichtige Angelegenheit, die jedoch hier und jetzt nicht Objekt unserer Betrachtungen sein soll. So wenden wir uns nun der zweiten Voraussetzung für die Bewältigung von Angst zu. Wo Furcht nicht verleugnet oder verdrängt wird, da wird sie bewusst erlebt.

In diesem bewussten Erleben liegt gleichermaßen ihr Fluch wie auch ihr Segen. Die im letzten Kapitel angesprochene Schmerzhaftigkeit der Angst ist der Grund für beides. Es ist das göttliche Erbe im Menschen, das ihn immer und ewig nach Werterfüllung und somit nach der Erkenntnis seiner selbst streben lässt. Dieses Streben kann sich nur im Eifern nach persönlichem Glück, innerem Frieden und äußerer Harmonie ausdrücken, denn diese Seinszustände sind die göttlichen Attribute dessen, was angestrebt wird. Wie wir gesehen haben, ist nichts Dir so wesensfremd wie der Gemütszustand der Angst.

*Weil Gott Liebe ist, ist Angst unerträglich. Was Er ist bist auch Du.*

Wir haben in den vorangegangenen Kapiteln ausführlich erkundet, warum die Illusion eine so gewaltige Anziehungskraft auf Dich und die Welt ausüben kann. Angesichts der Tatsache, dass Angst Illusion ist und somit jeder Wirklichkeit entbehrt, ist dies in gewisser Weise und bei Lichte betrachtet erstaunlich. Angst ist nichts anderes als der Zweifel an Dir selbst, der Zweifel an Deiner wirklichen göttlichen Identität, die in dieser Welt nicht erkannt ist. Das ist der Sinn der Welt. Wenn die Dunkelheit nicht dunkel wäre, dann wäre sie gar nicht und Du könntest Dein Licht nicht erforschen.

Hier liegt das große heilige Geschenk für Dich bereit, das der Angst innewohnt, die Gelegenheit und Chance, Dich selbst zu erkennen als das, was Du bist. Nun, die Tatsache, dass Angst für Dich so extrem unangenehm ist, kannst Du als sicheren Beweis dafür werten, dass Du ›Nicht-Angst‹ bist. Alles-was-Ist ist Vollkommenheit und die kann unmöglich nicht mit sich selbst in Einklang sein.

Mein lieber Freund, meine liebe Freundin, worauf beruht sie nun, diese mysteriöse Anziehungskraft der Angst, die doch jeder vernünftigen Logik entbehrt, zumindest in Anbetracht ihrer Schmerzhaftigkeit?

*Die Anziehung der Angst beruht auf ihrem illusionären Versprechen von Heil.*

Da Angst ihrem Wesen nach zerstörerisch und zersetzend ist, kann sie niemals heilen. Was zerstört, das heilt nicht und was heilt, das zerstört nicht. Und dennoch ist es ganz genau das, was das Ego Dir vorgaukelt, wenn es Dich in Angst stürzt. Wenn wir der Angst erfolgreich widerstehen wollen, müssen wir uns immer vor Augen halten, wer sie uns anbietet und warum. Immer und ausnahmslos ist es das Ego, das sie uns anbietet, wer sonst wäre da, sie uns zu reichen? Das Ego, das immer darauf bedacht und bestrebt ist, sich zu schützen, glaubt an Bedrohung, Angriff, Gefahr und somit an Zerstörung. Mit anderen Worten: Das Ego glaubt an den Tod. Der Glaube an Zerstörung und an ein definitives Ende kann nur innerhalb des Glaubenskontextes des Ego irgendeine Sinnhaftigkeit haben. In der Wirklichkeit des Absoluten ist ein solches Vorstellungskonstrukt vollkommen absurd und ohne jeden Sinn.

*Was wirklich ist, das ist ewig, oder aber es ist nie gewesen.*

Das Absolute ist absolut und nicht ›teilzeitabsolut‹ *(Anm. der Verfasserin: Scherzhaft gesagt).* Das Ego, das an Zerstörung und Untergang glaubt, muss dem naturgemäß etwas entgegenzusetzen bestrebt sein. Hier kommen nun die eben erwähnten Heilsversprechen ins Spiel. Das Ego wird Dir vormachen, Dich vor dem zu erretten, vor dem nicht einmal Gott selbst Dich bewahren kann, denn offenbar lässt der Schöpfer selbst seine Schöpfung im Stich. Im Weltbild des Ego lässt Gott seine Kinder dem Untergang anheimfallen, denn wie sonst wäre es wohl zu verstehen, dass die ›göttli-

chen Alarmanlagen‹ niemals losgehen? Niemals warnt der
Schöpfer seine Schöpfung vor Bedrohung und Gefahr. Das
Ego ist jenseits jeglichen wirklichen Verständnisses der Unantastbarkeit göttlicher Vollkommenheit. Was nur Spaltung
wahrnehmen kann, kann die Unberührbarkeit des Absoluten,
welche logische Eigenschaft der Einheit ist, niemals nachvollziehen. Was selbst ein Produkt der Illusion ist, kann wirklichen Argumenten nicht zugänglich sein.

*Was könnte einen Fisch das Fliegen lehren?*
*Nur die Erkenntnis, dass er ein Vogel ist.*

Das Ego verspricht Schutz, Rettung, Heil. Dass genau in diesem Versprechen die ganze und einzige Bedrohung liegt,
kann das Ego nicht erkennen. Worin liegt das Heil im Heilsversprechen für den, der keines braucht? Nur in eben der
Erkenntnis, dass er keines braucht!

Das Ego glaubt an die Wirklichkeit der Bedrohung und
somit an die Angemessenheit der eingebildeten Schutzfunk-
tion. Könnte es erkennen, dass genau darin die einzige Bedrohung liegt, wäre es nicht mehr, denn es hätte sich in diesem
Augenblick selbst als die Illusion erkannt, die es verkörpert.

Die Illusion der Trennung von Alles-was-Ist ist die machtvollste und folgenschwerste aller Illusionen und im Grunde
und in Wahrheit ist sie die einzig mögliche. Jeder denkbare,
vorstellbare und mögliche Irrtum lässt sich auf diese zurück-
führen. Wo auch immer eine Fehlwahrnehmung sein mag,
immer und ausnahmslos liegt ihr der Glaube an Trennung von
Gott zugrunde. Und so ist es denn auch, dass all Deine Sorgen, Probleme, Nöte und Leiden ausnahmslos auf Angst beru-

hen und auf sie zurückzuführen sind. Wo nur ein Irrtum möglich ist, da kann auch nur ein Problem folgen. So wie der Irrtum sich in zahllose Gewänder kleiden kann und dennoch immer derselbe bleibt, so ist es auch mit dem ihm folgenden Problem.

Das einzige Heil, das das Ego mit seinem Heilsangebot anbieten kann, ist die Gelegenheit zur Erkenntnis, dass es dieses Angebot nicht braucht. Was bleibt dem von der Angst, der erkennt, dass sie keinerlei Berechtigung hat?

Wenn das Schlüsselwort des vorigen Kapitels *Verleugnung* ist, so kann es denn hier nur *Vertrauen* sein. Der Mensch vertraut immer und ausnahmslos dem, dem er glaubt. Und der Mensch glaubt demjenigen, dem er Macht zuspricht. Wer würde so unklug sein, sich dem vertrauensvoll hinzugeben, den er für machtlos hält?

Niemals bezeugst Du so sehr, wem Du wirklich Dein Vertrauen schenkst, wie inmitten der Verlockung einer Angstsituation. Jedes Mal, wenn Du die Angst als berechtigt und angemessen anerkennst, erkennst Du das Ego an und unterschreibst seinen Glauben an eine vom Schöpfer losgelöste Existenz inmitten von Bedrohung und Risiko. Da das Ego selbst seine gesamte Existenz auf Prämissen aufbaut, die rein illusionärer Natur sind, kann es Dir immer nur Illusion vermitteln.

Das Ego bietet Dir sozusagen laufend Medikamente an für Krankheiten, die Du gar nicht hast, die Du gar nicht haben kannst. Es liegt an Dir, an Deiner Selbstwahrnehmung, ob Du Dich krank fühlen willst oder aber erkennst, dass es so etwas wie Krankheit für Dich nicht geben kann. Angst ist aus übergeordneter Sicht der Dinge sozusagen die ›Hypochondrie des Herzens‹, denn in Deiner Wirklichkeit kann es niemals Ursache, Grund und Anlass zur Angst geben. So ist es letztlich eine Frage der Entscheidung, was Du über Dich selbst glauben willst und wem Du Dein Vertrauen schenkst.

Die Kampflust und der Größenwahn des Ego bieten Dir nie wirklich eine Lösung des Angstproblems. Auch wenn das Ego das eine oder andere Mal als ›Sieger‹ im Kampf gegen die Angst hervorgeht, so bleibt das Grundproblem, die Fehlwahrnehmung der Möglichkeit von Bedrohung und Angriff, dennoch erhalten. Ja mehr noch, sie wurde in gewisser Weise bestärkt, weil anerkannt, und dadurch mit neuer Energie gespeist. Selbst wenn das Ego diesen einen Kampf gegen die mutmaßliche Gefahr gewinnt, was wird dann beim nächsten Mal?

Meine liebe Freundin, mein lieber Freund, das einzige, was diese Endlosspirale aus eingebildeter Bedrohung und Angst durchbrechen kann, ist die Einsicht ihres illusionären Charakters. Und so ist es denn, dass jedes Mal, wenn Du Dich angegriffen, bedroht und einen Grund zur Angst fühlst, Gott selbst in Dir Dich fragt:»Mensch, wirst Du denn niemals müde?« Gott selbst in Dir, Dein Höheres Selbst, bietet Dir immer nur Wahrheit an, wenn die Illusion Dich einholt und Du Dich vom diffusen Nebel ihrer Täuschung einhüllen lässt, bis Du Dich selbst nicht mehr erkennen kannst. Im Höheren Selbst ist immer Klarheit, in welcher Situation Du Dich auch befinden magst, denn Gott ist über jede Täuschung erhaben. Sich über sich selbst vollkommen im Klaren, ist Er es auch über Dich und die gesamte Schöpfung. So wird Er Dir auf die Frage, ob Ursache zur Angst besteht, immer und ewig die gleiche Antwort geben: Er kann sich niemals täuschen.

Gott kann des Kampfes gegen Bedrohung und der lauernden Angst, sie übersehen zu haben, nicht müde werden, weil es in Ihm nichts von alledem gibt. In Ihm sind ewig Stille und Gelassenheit, in Ihm ist Frieden und sein Friede ist ewig so unantastbar wie Er selbst. Das ist Gottes Wirklichkeit, die auch die Deine ist, so Du sie nur für Dich anerkennen und beanspruchen willst.

Die Wirklichkeit, die Wahrheit über Dich, ist niemals in Gefahr und kann nicht bedroht werden. Doch sie ist da, immer und überall und wartet darauf, von Dir erkannt zu werden als die Deine. Gott gibt sich selbst immer nur Geschenke und so ist jede Gelegenheit, die das Ego Dir zur Angst anbietet auch immer eine Chance, die Gottselbst Dir zur Erkenntnis seiner ewig gültigen Wirklichkeit entgegenbringt.

Gott lässt Dich auch inmitten der tiefsten Illusion von Trennung und Verlassenheit nicht ohne den Trost der Wahrheit. Dennoch steht es Dir jederzeit vollkommen frei, Dich dieses Trostes zu versichern und ihn Dir zu eigen zu machen, um Dich für die Anerkennung der Wahrheit über Dich selbst zu rüsten und Deinen Blick zu klären. Gott selbst gibt Dir alles, was Du brauchst, um die Wahrheit über Dich zu finden, denn es ist sein Wille, der Wille Gottes in Dir, dass dies geschehe.

Wenn Du vor der Entscheidung stehst, ob Du dem Lockruf der Angst in Dir folgen und nachgeben willst oder aber der Wahrheit über Dich, dann orientiere Dich an den göttlichen Wegweisern. Sie stehen Dir immer und ausnahmslos zur Verfügung, wenn Du Orientierungshilfe brauchst. Nie bist Du allein in Deiner Not!

*Wenn Du nicht weißt, wo Du die Wahrheit über Dich findest, dann folge der Spur der Liebe und des Friedens.*

Wenn Du Dich diesen Wegweisern Gottes bedienst, ist es vollkommen unmöglich, dass Du dem Irrtum über Dich selbst zum Opfer fällst. Wo Liebe und Frieden sind, da ist Gott. Wo Gott ist, ist ewig nur Wahrheit. Mein lieber Freund, meine liebe Freundin, wenn Angst sich Deiner bemächtigen will, dann ist Dir alle Macht gegeben, die einem bewussten Wesen zur Verfügung stehen kann: Du hast die freie Wahl der Entscheidung. Angst ist immer nur Angst, denn sie ist aus dem Ego heraus und kann nur Irrtum sein. Du aber bist ein gültiger, integraler Aspekt des Absoluten. Die Wirklichkeit Deines Seins ist es, die Dir die Ermächtigung der Anwendung Deiner schöpferischen Kraft verleiht.

Mit anderen Worten: Du hast die freie Wahl, Dich selbst als der und das wahrzunehmen, als der und das Du Dich wahrnehmen willst. Du hast die Wahl, Dir Deine Sicht auf Dich selbst als Erfahrungsrealität zu erschaffen. Allein die Tatsache, dass Du über die Möglichkeit dieser Wahl verfügst, sollte Dir Beweis dafür sein, welche der Optionen mit der Wirklichkeit Deiner Identität konform geht. Realität ist das, was Du Dir erschaffst. Realität ist das Resultat Deiner freien Wahl. Sie untersteht Deiner Entscheidung, Dich für das zu halten, wofür immer Du Dich halten willst. Wenn Du glauben willst, dass Du ein jederzeit zerstörbares, abgespaltenes Bewusstsein bist, dann wird die Angst Dir dies auf Dein Geheiß bestätigen.

*Dein Wille geschehe. Wenn Du Illusion willst,*
*bekommst Du Illusion.*

Gottes Gnade kennt keine Grenze und so ist es denn, wie wir in *Des Menschen Wunsch und Gottes Wille* bereits besprochen haben: Der Mensch bekommt nicht das, was er verdient, er bekommt das, was er will. Nichts anderes könnte dich jemals zur Erkenntnis Deiner allmächtigen, göttlichen Wirklichkeit erwachen lassen.

Meine liebe Freundin, mein lieber Freund, wir haben vorhin gesagt, dass Vertrauen das Schlüsselwort dieses Kapitels ist. Wenn Du Angst hast, hast Du bereits Deinem Ego vertraut. Dennoch steht Dir die Möglichkeit der Korrektur Deiner Selbstwahrnehmung jederzeit offen. Wenn Du Angst gewählt hast und zu der Erkenntnis gelangt bist, dass da irgendetwas nicht ›stimmen‹ kann, dann solltest Du Dich nach innen wenden. Sowie Du dies zu tun entscheidest, wird Dein Höheres Selbst Deine lückenhafte Wahrnehmung und Deinen falschen Blick auf Dich selbst berichtigen.

Du berichtigst sie, indem Du Dich nach innen wendest, denn der Blick auf den, der Du wirklich bist, ist die Korrektur Deiner Selbstwahrnehmung und damit das Erwachen aus Deinem Alptraum der Angst.


»Wenn es einen Glauben gibt,
der Berge versetzen kann, so ist es
der Glaube an die eigene Kraft.«
Marie von Ebner-Eschenbach

# 3. Voraussetzung:

# Das Auffüllen des Vakuums

## Der Reiz des Neuen

Mein lieber Freund, meine liebe Freundin, wenn Du Dich gegen die Angst und damit für die Anerkennung der Wirklichkeit Deiner göttlichen Identität entschieden hast, dann hast Du eine wahrhaft weise Wahl getroffen. Deine Wahl ist deshalb weise, weil die unvorstellbare Größe und die wunderbare Herrlichkeit seiner Wirklichkeit, die auch die Deine ist, wahrhaft unübertrefflich sind. Die Entscheidung zugunsten der Wahrheit ist nicht nur die denkbar beste, sie ist die bestmögliche.

Nun, da Du Dich gegen den Irrtum der Angst entschieden hast, kann es dir passieren, dass Du Dich urplötzlich mit einer völlig neuen Situation konfrontiert siehst, die Du in dieser Form sicherlich nicht erwartet hättest: mit dem Verlust Deiner ›Identität‹. Im Grunde und in Wahrheit kann es sich natürlich nicht um ihren Verlust, sondern im Gegenteil um ihren Gewinn handeln. Und selbst das stimmt nur bedingt, denn es handelt sich nicht um einen Gewinn in dem Sinne, also um etwas Neues, das vorher nicht da war, sondern vielmehr um die Rückerinnerung an das, was schon immer so war.

Die Entscheidung gegen die Angst und somit für die Wahrnehmung der Größe und Herrlichkeit Deines wirklichen Wesens, das über jede Angriffsfläche erhaben ist, schenkt Dir den klaren Blick auf Deine immerwährende Einheit mit der göttlichen Urquelle. Da wo Furcht gewichen ist, bist Du in Frieden und Einklang mit Dir selbst und somit mit Alles-was-Ist. Dieser Frieden, der nur im Gewahrsein der Einheit gefunden werden kann, macht jeder Verwirrung über Dich selbst ein Ende. Diese Verwirrung, die nur unter dem zersetzenden Einfluss der Angst auf Dich einwirken kann, löst sich regelrecht in nichts auf, sowie der Furcht Einhalt geboten ist, denn Verwirrung ist nur dort möglich, wo auch Angst ist.

Meine liebe Freundin, mein lieber Freund, dort wo früher die Furcht war, kann eine Art von Vakuum entstehen. Es ist sozusagen ein ›toter Winkel‹ in Deiner Selbstwahrnehmung. Die Bezeichnung ist sehr treffend und auch wieder nicht, denn im Grunde und in Wahrheit bist Du nirgendwo so lebendig wie dort, wo Du der Angst den Nährboden entziehst.

Diese Lücke, die es nunmehr zu füllen gilt, muss uns jedoch nicht wirklich beunruhigen, denn jetzt, da die Angst gewichen ist, ist auch das Phantom der Angstberechtigung hinfällig. Wer sich selbst mit Gottes Augen sieht, kann der Anziehungskraft der Angst und ihren Verführungsstrategien leicht widerstehen. Diese Leerstelle innerhalb der Selbstwahrnehmung ist mit nichts anderem zu füllen als mit Deiner eigenen Wesensessenz. Was sonst könnte da sein, womit sie zu füllen wäre, ist es doch eine lückenhafte Wahrnehmung und nicht etwa eine echte ›Lücke des Seins‹, die völlig unmöglich wäre.

Du kannst die entstandene Wahrnehmungslücke nur mit dem füllen, was schon da ist und immer schon da war: mit Alles-was-Ist, der ist, was sein Name sagt. Nichts kann es geben, was Er nicht ist. Keinen Ort und keine Lücke kann es geben, die nicht mit seiner ewigen Allgegenwart ausgefüllt, erfüllt und beseelt wäre. Wie so oft gilt es nicht, irgendetwas zu tun, es gilt lediglich zu erkennen, was ist und schon immer war. Alles-was-Ist kann unmöglich nicht jeden ›Raum‹ erfüllen, den es in Dir geben kann, denn Er ist jeder Raum: Das Absolute ist absolut.

So Du aber nun diese Lücke ausfüllst oder besser gesagt so Du erneut hinsiehst und nunmehr erkennst, was dort ist, wirst Du sehen, dass Du nur Liebe erblicken kannst. Wo auch immer Du Dich hinwendest, wohin immer Du auch siehst und Deinen Blick richtest, wenn Du Liebe siehst, hast Du die absolute Gewissheit und die unumstößliche Gewähr dafür, dass Du mit Gottes Augen siehst. Seine Sicht ist Dir ewige Garantie, dass Dir der einzig wirklich und wahrhaftig korrekte Blick auf Dich selbst und die Welt geschenkt ist, den es jetzt und ewig geben kann. Nur der, der alles geschaffen hat, weiß, was die Dinge sind und was Er gemacht hat.

*Weil Er nur Liebe ist, hat Er nur Liebe erschaffen.*
*Du kannst nichts anderes sein als Er. Der einzige*
*Unterschied zwischen Euch ist der, dass Er das weiß.*

Die Lücke, die die Angstfreiheit in Dir hinterlässt, ist eine Lücke der Gewohnheit. Angst ist Dir einfach vertrauter als Liebe. Angst ist das Vertraute, sie ist das, was Du kennst. Doch die Stimmigkeit der richtigen Selbstwahrnehmung, die Harmonie und der Gleichklang mit und in Dir selbst, wird es Dir leicht machen, Dich an den ›neuen‹ Zustand zu gewöhnen. Sowie Du aus der Liebe heraus lebst, klingt ganz tief in Deinem Gemüt die Glocke der Erinnerung. Es ist die Erinnerung an Deinen natürlichen, ewigen Seinszustand. Es ist die Erinnerung an den Frieden der Heimat. Es ist der Klang der

Glocke, die Dich nach Hause ruft und Dir sagt, dass Du auf dem richtigen Weg dorthin bist.

*Wo Frieden ist, kannst Du nicht falsch sein.*

Mein lieber Freund, meine liebe Freundin, je mehr, je öfter und je entschiedener Du Dich für die Wahrheit über Dich entscheidest und gegen die Anziehung der Angst, desto weniger wirst Du Disharmonie, Furcht und Missklang in Dir ertragen können. Du wirst sie immer weniger ertragen wollen. Die Anziehungskraft der Wirklichkeit ist immer und unfehlbar größer und unwiderstehlicher als die Anziehungskraft der Angst. Dies liegt einfach in der Natur der Sache, also daran, dass die Wirklichkeit so wirklich ist wie Du. Die Wahrheit ist immer deshalb unwiderstehlich, weil sie aus Gott ist und somit selbst untrennbarer Teil von Ihm und von Dir.

Wer sich von der Wahrheit über sich selbst entfernt, der entfernt sich von seinem Sein, von seinem Leben. Illusion ist immer Verletzung, Selbstverletzung, weil sie nicht Teil der eigenen unantastbaren Seinsintegrität ist. Irrtum kann Wahrheit nicht wirklich antasten und verletzen, eben weil Irrtum Illusion ist, doch der Friede Deiner intakten, lückenlosen Selbstwahrnehmung ist empfindlich gestört. Die Welt sieht die Dinge so verkehrt, dass sie oftmals die Wahrheit mit dem Irrtum verwechselt und den Irrtum für Wahrheit hält.

*Nur eine verkehrte Welt kann glauben, dass Liebe gefährlich sein kann.*

Dies ist vollkommen unmöglich und dennoch fällt die Welt diesem absurden Glauben zum Opfer. Er zeigt sich in ihrer Haltung, wenn Du Dich gegen die Angst entscheidest. Die Welt, die den Warnungen und Heilsversprechen des Ego Glauben schenkt, muss die Freiheit von Angst und das scheinbare Loslassen der Kontrolle als Gefahr einordnen. Verwirrt und dennoch fasziniert wird sie Dir gegenüberstehen. Eine Welt, die glaubt, Angstfreiheit erfordere Mut, hat die Tatsachen wahrhaft verdreht und die Wirklichkeit mit der Illusion verwechselt. Tatsächlich und aus dem richtigen Blickwinkel betrachtet, braucht es sehr viel mehr Mut, der Angst zu verfallen und ihre Risiken und Torturen in Kauf zu nehmen, als sich der allumfassenden, bedingungslosen Liebe Gottes anzuvertrauen.

Meine liebe Freundin, mein lieber Freund, wenn Du Dich gegen die Angst und somit für die Wahrheit über Dich entscheidest, bist Du immer in Sicherheit. Du kannst gar keine sicherere Entscheidung treffen.

*Nirgendwo ist der Mensch tiefer geborgen als in der Wirklichkeit.*

Du bist in der absoluten Sicherheit der göttlichen Unantastbarkeit geborgen. Das bist Du immer, aber wenn Du Dich gegen die Angst entscheidest, dann erkennst Du es.

Die Sicherheit der Wirklichkeit liegt in ihrer eigenen Natur. Wirklichkeit ist sicher, weil sie wirklich ist. Diese Sicherheit ist Dir auch und gerade inmitten der tiefsten Dunkelheit der Spaltungsillusion gewährleistet. Du gehst also auf Nummer sicher, wenn Du Deinem Höheren Selbst vertraust, das über Dich immer nur von Liebe spricht, anstatt Dich weiterhin den trügerischen Versprechungen des Ego anzuvertrauen, das über Dich immer nur von Machtlosigkeit und Vergänglichkeit spricht. Du bist weder machtlos noch vergänglich, Du bist das, was Dein Schöpfer ist. Du bist Geist von seinem Geiste, denn es gibt nur einen.

»Es gibt nur einen Fortschritt,
nämlich den in der Liebe; aber er führt
in die Seligkeit Gottes selber hinein.«
Christian Morgenstern

# 7. Teil

## Die Hölle auf Erden

### Sucht und Depression

# 1. Betrachtung:

# Die Sucht

Wenn das Spiel mit dem Feuer zum Tanz
auf dem Vulkan wird

Meine liebe Freundin, mein lieber Freund, wir kommen jetzt zu unseren beiden letzten Ausführungen über Angst und wollen uns an dieser Stelle zwei ganz konkreten Formen dämonischer Energie widmen.

Wie schon in *Des Menschen Wunsch und Gottes Wille* werden wir Ängste mitunter ›Dämonen‹ nennen, denn wahrlich das sind sie. Angst ist nicht abstrakt und unreal. Angst ist Bewusstsein, Bewusstsein von Deinem Bewusstsein, hervorgegangen und geschaffen von Dir selbst in dem Augenblick, als Du Dich dafür entschieden hast. Kein Angstdämon kann Dich jemals heimsuchen, dem Du nicht selbst kraft Deiner schöpferischen Macht und Deines freien Willens Leben einhauchst.

Zuerst wenden wir uns einer dämonischen Energie zu, die sich Euch gerne in einer scheinbar anderen, ganz spezifischen Form darstellt, als die Euch sonst geläufigen Auswüchse der Angst. Wir reden über Dämonen, über Angstenergien, die Ihr in Eurer Welt als Sucht bezeichnet. Sie mögen aufgrund ihrer spezifischen Charakteristika als verschieden von den ›gewöhnlichen‹ Ängsten scheinen, doch sind sie es im Grunde und in Wahrheit nicht. Wie könnten sie?

Wie wir gesehen haben, gibt es nur einen Irrtum, so wie es nur eine Wahrheit gibt. Die scheinbare Andersartigkeit der jeweiligen Ängste ist Teil ihrer Tarnung und wenn Ihr sie dieser Tarnung beraubt, werdet Ihr sie erkennen als das, was sie sind:

*Sucht ist einfach nur Angst.*

Angst ist gleichermaßen Quelle und Nahrung der Sucht. Die Sucht als solche ist nie das ›Problem‹, die Angst ist es immer. Wo keine Angst ist, ist Sucht unmöglich. Wie wir gesehen haben, dient die Angst, jede Angst, der Vertuschung Deiner wahren Natur, der Verschleierung Deiner unbegrenzten göttlichen Kraft und Macht. Sie dient der Verschleierung dessen, was Du bist: Liebe.

Ihre Aufgabe ist es, Dich zu täuschen über Dich selbst, Dich in Versuchung zu führen, damit Du durch die Täuschung hindurch zur Wahrheit über Dich selbst erwachen kannst. So will es der Süchtige. Wie wir ebenso gesehen haben, ist der Zweifel einer der machtvollsten Verbündeten der Angst, der Zweifel an Deiner wahren Natur, die Deine ewige, unveränderliche Wirklichkeit ist. Wo Zweifel herrscht, sind den Dämonen Tür und Tor geöffnet. Wo der Gott in Menschengestalt den Zweifel erlaubt, da folgt die Illusion der Machtlosigkeit auf dem Fuße. Illusion kann immer nur Illusion hervorbringen.

Wer Machtlosigkeit wählt und erbittet, indem er den Zweifel nährt, der wird sie erhalten. Eure Schöpferkraft gehorcht einfach Eurem Befehl und das, was Ihr zu erschaffen entscheidet, das ist. Wenn Du wählst, der Täuschung über Dich selbst zu verfallen, dann wirst Du erfahren, was Du erschaffst, gerade so, wie wenn Du Wirklichkeit wählst. Da Du Teil und Aspekt bist von Alles-was-Ist, kann es keine Quelle außerhalb Deiner selbst geben. Du erfährst unfehlbar, was Du erschaffst.

Wenn Du Dich entscheidest, der Wahrheit Deiner Liebesnatur zu vertrauen, dann wirst Du dies genauso unfehlbar manifestieren. Innen ist außen und außen ist innen: Es gibt kein ›Außen‹.

Wenn ein Mensch sich entscheidet, einer Sucht zu erliegen, dann entscheidet er sich dazu, seinem Angstdämon einen machtvollen und gierigen Helfer zur Seite zu stellen. Sucht ist der unnachgiebige, grausame Inquisitor der Angst, die den Höhepunkt ihrer Macht erreicht hat. Sucht ist immer und ausnahmslos aus der Angst geboren und nährt sie dennoch gleichermaßen. Sucht bestätigt die Angst und gibt ihr scheinbar von außen kommende Daseinsberechtigung. Doch wie bei jedem anderen Problemkomplex, kann das wirkliche Ursprungsproblem niemals im Außen gefunden werden, in keinem physischen Stoff und in keinem spezifischen Verhalten, sondern einzig und allein im Innen.

*Ein Problem kann nur dort gelöst werden,*
*wo es ist.*

Ausnahmslos jeder Mensch, der einer Sucht verfällt, erliegt einer anfänglichen, ja sogar dauerhaften Täuschung: Niemand verfällt jemals einer Sucht, ohne dass er auf des Dämons Tarnung als Engel hereinfallen würde. Jeder Mensch hat irgendwann einmal geglaubt, dass das, was ihn später zerstören wird, ihm Hilfe, Trost und Erleichterung bringt. Es ist die Wurzel der Angst im Menschen, die dem Dämon das Zugangsportal öffnet. Im Engelsgewand verschafft er sich Zutritt und es ist dieselbe Wurzel der Angst, die dem Menschen die Sinne vernebelt für die klare Sicht dessen, was er da zu sich eingeladen hat. Doch auch im Engelsgewand bleibt ein Dämon ein Dämon und in seiner Hinterlist wird er erst dann seine Tarnung fallen lassen, wenn er sich seiner Machtposition und Unbesiegbarkeit sicher ist.

Ist der Mensch in seiner zunehmenden Bedrängnis erst einmal zutiefst von der Illusion seiner Machtlosigkeit überzeugt, braucht es des Dämons Tarnung nicht mehr, sie wird hinfällig. Der Mensch ergibt sich ihm bereitwillig und der Suchtdämon, der immer ein Angstdämon ist, sitzt fest und sicher im Sattel der scheinbaren Machtlosigkeit. Der Dämon hat es nun nicht mehr nötig, Erlösung und Erleichterung vorzugaukeln und kann sich unverhohlen qualvoll zeigen, ohne auf Widerstand zu stoßen. Das, was ursprünglich die Angst lindern und auflösen sollte, wird schließlich selbst zu ihrem Werkzeug, zu ihrem Verbündeten und zu ihrer verstärkenden, treibenden Kraft.

Mein lieber Freund, meine liebe Freundin, es hat keinen Sinn, allein den Suchtstoff oder das Suchtverhalten zu verjagen. Was nützt es, nur den Lakaien zu vertreiben und nicht seinen Herrn? Solange der Herr bleibt, wird er seinem Diener immer wieder die Hintertür öffnen oder aber sich einen anderen suchen. Nur unter lebenslangen Qualen wird sich ein Mensch, der suchtanfällig sein will, seine Sucht vom Leibe halten können, wenn er das seiner Anfälligkeit zugrunde liegende Problem nicht löst. Nur in der Erlösung, in der Befreiung seines Herzens, kann er wirkliche Freiheit und Heilung finden. Wer sich in seinem Außen Freiheit erschaffen will, der muss sie in seinem Innen ermöglichen, denn nichts kann außen sein, ohne dass es innen wäre.

*Die Wurzel aller Probleme ist Angst und nirgendwo ist sie so offensichtlich wie beim Suchtthema.*

Angst vor sich selbst, Angst, sich selbst zu erkennen, Angst, sich selbst zu lieben. Jeder Mensch, der mit einem großen Suchtpotenzial inkarniert, hat auch ein entsprechend großes Gegenpotenzial. Das Gegenpotenzial, die Kehrseite der Medaille, ist das Potenzial sich selbst zu erkennen. Suchtanfällige Menschen sind mutige Menschen.

Wenn ein Mensch sich entscheidet, mit Suchtpotenzial hierherzukommen, hat er sich gleichzeitig und in direkter Weise dafür entschieden, sich große Selbsterkenntnismöglichkeiten zu erschließen. Es ist ein sehr steiniger, qualvoller Weg, der ihn schließlich zu der Entscheidung führen kann, zu seiner Selbstachtung und damit zu sich selbst zurückzufinden. Menschen, die sich entschieden haben, Sucht zu überwinden, finden sehr oft zu einer tiefen Anerkennung ihrer Würde und zu Stolz und Ehrfurcht vor ihrer großartigen Leistung.

Sucht wird jedoch nicht überwunden, sie wird transformiert. Wie wir wissen, kann Angst nur durch und in Liebe erlöst werden. Es gibt nichts anderes. Ein erlöster Suchtdämon ist wahrhaft ein Engel. Im Grunde seines Herzens, dort wo jedem Dämon auf ewig der Eintritt verwehrt bleibt, weiß ein Süchtiger immer, was er tut und er weiß auch, dass er die Wahl hat. Und genau hier, in seinem göttlichen Bewusstsein, liegen auch die Kraft und Macht, die es für seine Erlösung braucht. Wie jede andere auf Angst begründete Illusion bezieht auch die Sucht ihre Macht aus des Menschen Zweifel an sich selbst, aus seiner illusorischen Machtlosigkeit. Wie jede andere Furcht dient auch der Suchtdämon einzig und allein dem Zweck, Dich vor Dir selbst zu verstecken und Deine wahre göttliche Identität zu verschleiern. Weil Sucht ein wahrhaft tiefer Abstieg in die Hölle der Selbstverleugnung ist, kann gerade ihre Überwindung wahrhaft Großes bewirken. Menschen, die Sucht überwunden, transformiert haben, sind nie wieder die, die sie vor der Sucht gewesen sind. Die Erfahrung der Hölle in sich macht sie offen und bereit für die Erfahrung des Himmels in sich.

Meine liebe Freundin, mein lieber Freund, die physische Komponente bei stoffgebundenen Süchten macht es mitunter schwierig, den ungetrübten Blick zu wahren für den wirklichen Grund des Problems. Euren Medizinern ist bekannt, dass selbst die mit chemischen Mitteln herbeigeführte Befreiung des Körpers vom Suchtstoff, praktisch ›über Nacht‹ und ohne physische Qualen, aus einem Süchtigen nicht automatisch einen suchtfreien Menschen zaubert. Diese Entdeckung liefert Euch den treffenden Beweis dafür, wo Ursache und Wirkung des Problems zu suchen sind. Wenn dies der Fall ist, so ist der Erfolg einzig und allein auf den Willen und die Entscheidung des Betroffenen zurückzuführen.

Es ist an dieser Stelle wohl unnötig klarzustellen, dass die gewaltsame Suchtbefreiung niemals von Erfolg gekrönt sein kann. Die scheinbare Befreiung von einer Sucht, der Griff zu Suchtersatzstoffen oder aber der Übergang von einer Sucht in eine andere, scheinbar weniger gefahrvolle, löst letztlich das Problem nicht. Es verstärkt den Glauben an äußere Abhängigkeit und somit die Illusion der Machtlosigkeit.

Freiheit ist von Gott und alles was von Gott ist, kann nur absolut sein. Der einzig reale Nutzen dieser Vorgehensweisen liegt in der Chance, die physische Lebenszeit zu verlängern und somit dem Menschen Gelegenheiten zur Selbsterkenntnis anzubieten, die sonst in diesem jeweiligen Leben kaum mehr gegeben wären. Sie zu ergreifen oder aber nicht, liegt auch dann ganz und gar im eigenen Ermessen.

Das Erwachen zu Selbstliebe und Selbstachtung sind Vorboten und Bedingung für die Entscheidung, sich wahrhaft befreien zu wollen. Das Werkzeug zur Freimachung ist immer und ausnahmslos die aus der Selbstliebe genährte Anerkennung und Annahme der eigenen Macht. In der Anerkennung dieser Macht, die jedem irdischen Suchtstoff trotzen kann, öffnet sich das Bewusstsein für die Wahrnehmung des Göttlichen im Inneren. Alsdann kann es sich als die Quelle und Essenz aller Kraft und Macht erkennen, die es im Menschen geben kann. Der erlöste Mensch ist wahrhaft über sich selbst hinausgewachsen. Er ist über sein Ego zur Anerkennung eines Höheren und Größeren in sich selbst hinausgewachsen, er hat sich erkannt als das, was er immer war und immer sein wird. Sowie der Mensch für die Wahrheit bereit ist, wird sie offenbar, immer und unfehlbar.

»Es heißt mit Recht, dass wir
unseren Dämon selbst wählen; denn
durch die Art unserer Lebensführung
wählen wir die höher leitende Macht.«
Plotin

## 2. Betrachtung:

# Die Depression

### Der Pas de deux mit dem Tod

M ein lieber Freund, meine liebe Freundin, die Depression ist die zweite ›besondere‹ Form der Angst, der wir uns nun zuwenden wollen. Wie wir zuvor gesehen haben, ist Angst im Grunde und in Wahrheit ›einfach immer nur‹ Angst, ungeachtet der verschiedenen Ausdrucksformen, die sie annehmen mag. So wie es nur eine Liebe gibt, so kann es auch nur eine Nicht-Wahrnehmung von Liebe geben, eben das, was Ihr Angst nennt.

Im vorangegangenen Kapitel haben wir unsere Aufmerksamkeit den Suchtdämonen gewidmet. Im Suchtverhalten geht es immer und ausnahmslos um eine zwanghafte, zermürbende und schließlich selbstzerstörerische Handlung des ›Sich-Zuführens‹ von was auch immer, die sich in mannigfaltiger Form äußern kann. Dies gilt für nicht stoffgebundene Suchtformen wie zwanghafte Verhaltensweisen ebenso wie für an gewisse Substanzen gebundene Süchte. Sucht ist immer eine übersteigerte, maßlose Form des Zu-sich-Nehmens. Sucht speist sich aus der Angst vor Mangel. Sucht ist die wahnhafte Furcht des Fehlens von Lebensnotwendigem und der Schmerz dieser Mangelwahrnehmung ist wahrhaft überwältigend.

*Sucht sucht im Außen, was im Innen nicht wahrgenommen wird.*

Weil jedoch nie etwas im Außen sein kann, was innen gebraucht wird, ist Sucht niemals befriedigend und nie befriedigt. Der Hunger, der durch das Suchtverhalten gestillt werden soll, wird im Grunde und in Wahrheit angeregt und findet zusätzliche Nahrung. Jeder Sucht liegt immer und ausnahmslos ein Mangel an Mut zum Blick nach innen zugrunde.

Nun, im Grunde kann ein Mangel an Mut zum Blick auf das Selbst immer nur ein Mangel an Liebe sein, der als Mangel an Mut empfunden und ausgedrückt wird. Wo keine Liebe ist, erscheint sogar das Selbst dem Selbst als bedrohlich. Sucht ist deshalb Angst vor sich selbst, weil der Blick dorthin, wo das Fehlende gefunden werden kann, erst gar nicht gewagt wird.

Nun, meine liebe Freundin, mein lieber Freund, uns ist bewusst, dass wir uns im Kapitel über Depressionen befinden. *(Anm. der Verfasserin: Scherzhaft gesagt.)* Wir gehen deshalb erneut auf die Suchtthematik ein, weil Sucht und Depression im Grunde dasselbe sind. In vielerlei Hinsicht könnte man sagen, dass die Depression das duale Gegenstück der Sucht ist. Beiden liegen die gleichen Funktionsmechanismen zugrunde.

*Sucht und Depression sind im Grunde dasselbe.*
*Depression ist das duale Gegenstück der Sucht.*

Auch in der Depression ist die Angst vor dem Selbst und somit die Furcht vor dem Blick nach innen im wahrsten Sinne des Wortes überwältigend. Der depressive Mensch kapselt sich selbst vollständig von jeder Empfindung seiner eigenen Lebendigkeit ab, die ihm schier unerträglich scheint. Alle

Lebendigkeit erinnert ihn daran, dass er ist. Wo das Sein selbst und als solches zur Last wird, hat die Dualität die maximale Ausdehnung des ihr möglichen Einfluss- und Machtbereiches erreicht. Mehr (scheinbare) Gottferne geht nicht! Wie der Süchtige sich mit Übermaß gegen die Wahrnehmung seiner selbst abstumpft, um sich vor vermeintlicher Gefahr zu schützen, die im Innersten lauert, so tut der Depressive es ihm gleich, indem er die Aufnahme und Zuführung von allem kategorisch ablehnt, was sich ihm nähert und anbietet. Der Depressive lehnt jedes Feedback mit dem Leben ab und will keine Spiegelung, er will nicht sein.

Der Mensch, der der Depression verfallen ist, ist berauscht vom Wahn der Angst vor sich selbst. Er lehnt jede Empfindung, jeden Reiz und jede nur erdenkliche Form von Lebensausdruck und somit von Seinsbestätigung ab, ist doch eben diese Bestätigung seines Seins dasjenige, was der Mensch, der sich vor sich selbst in die Depression flüchtet, nicht ertragen kann.

*Der Depressive hasst sein Leben nicht, er fürchtet es.*

Er fürchtet sich selbst. Die Welt versteht die Depression nicht, denn sie huldigt der Angst, die den Menschen im Allgemeinen zu Bewegung und Aktivität antreibt. Dort wo die Angst eine so gravierende Form der Persönlichkeitslähmung und die völlige Versteinerung des Selbst auslöst, steht die Welt ihr weitgehend fassungs- und ratlos gegenüber. Der Rückzug in die Stagnation der Depression ist, genau wie die Sucht, ein verzweifelter Hilferuf des Menschen an sich selbst und somit auch an die Welt, denn wo alles eins ist, kann es nicht anders sein. Wo der Süchtige sich ins Übermaß des Alles verloren hat, hat der Depressive sich ins Nichts verirrt.

Wo das Leiden dasselbe ist, kann auch das Heilmittel nur ein und dasselbe sein. Und wo es im Grunde und in Wahrheit nur ein einziges, ewig gültiges und vollkommenes Heilmittel geben kann, da ist die rechte Wahl leichten Herzens getroffen. Und so ist es in der Sucht ebenso wie in der Depression letztlich eine Frage des freien Willens und der bewussten Entscheidung, ob der Mensch sich dieses ihm ewig zur Verfügung stehende Heilmittel zugestehen will. Nur er selbst kann es sich geben. Im Bewusstsein der einzig wahren und heiligen Identität des Menschen, im Wissen um die großartige Herrlichkeit seines göttlichen Erbes, das ewig unantastbar ist, kann es niemals irgendetwas geben, das keine Frage des freien Willens wäre. Was glaubst Du, wer Du (nicht) bist, dass Du daran zweifelst?

»Betrübnis ist ein großes Hindernis;
sie erstickt das Leben, verdüstert das Licht
und verlöscht das Feuer der Liebe.«
Johannes Tauler

# 8. Teil

## Die Vorteile der Angst

### Ihr wirklicher Nutzen

M eine liebe Freundin, mein lieber Freund, wenn die
Angst auch nur einen einzigen wirklichen Vorteil
hätte, dann wäre niemand hier, der ihn lesen könnte.
Wenn die Angst einen einzigen wirklichen Vorteil hätte,
würde das bedeuten, dass Dein Ego recht hat, also dass die
Illusion wirklich ist.
Wenn das Ego wirklich ist, dann kann Alles-was-Ist es
nicht sein. Und Du auch nicht. Aber da Du, Gott sei Dank, hier
bist, dies zu lesen, muss jeder Vorteil der Angst, den Du auch
immer zu finden glaubst, Irrtum über Dich selbst sein. Und so
ist es, jetzt und ewig. Erkenne es, Gott in Menschengestalt,
und

*bringe Dich selbst nach Hause, denn was gottgewollt
ist, das ist menschenmöglich!*

# Nachwort

Er spricht wie an dem Tag,
da er die Welt erschuf.
Da schweigen Angst und Klage;
nichts gilt mehr als sein Ruf.
Das Wort der ew'gen Treue,
die Gott uns Menschen schwört,
erfahre ich aufs Neue
so, wie ein Jünger hört.

*Jochen Klepper* (1903-1942)

# Über die Autorin

Bettina Büx, Jahrgang 1960, ist Mutter von vier erwachsenen Kindern und lebt im deutschsprachigen Grenzgebiet Ostbelgiens.
Ihr tiefstes Interesse galt schon von Kindesbeinen an den spirituellen Fragen und geistigen Hintergründen des Lebens. Bereits in jungen Jahren ›wusste‹ sie, dass es ihre

Berufung ist zu schreiben und Botschaften aus der geistigen Welt zu vermitteln.

Nach vielen Umwälzungen in ihrem Privatleben und während langer, schwerer Krankheit widmete sie sich schließlich ganz den grundsätzlichen Lebensfragen. Sie hat sich schließlich, wie sie es selbst formuliert, »im wahrsten Sinne des Wortes gesundgeschrieben«, denn im Zuge ihrer schriftstellerischen Arbeit mit der geistigen Welt ist sie wider Erwarten und zu ihrer großen Freude vollständig genesen. Die wundersame Wirkung der Mitteilungen tat das Ihre und so ist es ihr gleichermaßen Bedürfnis und Berufung, die Botschaften, die sie als Geschenk von höchster Ebene betrachtet, weiterzugeben und einem breiten Publikum zugänglich zu machen.

Fragen zu ihren Büchern beantwortet die Autorin gerne. Sie erreichen sie per E-Mail unter: regulus-botschaften@gmx.de.

# Quellenverzeichnis

**Zitate:**

*Das große Handbuch der Zitate von A bis Z,* Bassermann
Verlag in der Verlagsgruppe Random House GmbH, Mün-
chen 2004, ISBN 3-8094-1699-1

*www.aphorismen.de*

# EchnAton Verlag

Der EchnAton Verlag steht für transformierende Literatur.
Neben den Büchern von spirituellen Weisheitslehrern,
Schamanen und Coachs veröffentlichen wir tiefgehende
Romane und Meditations-CDs.

Fordern Sie unseren Gesamtkatalog an!

Aktuelle Neuerscheinungen und Informationen
zu geplanten Veranstaltungen der Autoren
finden Sie auch auf unserer Webseite:

**www.echnaton-verlag.de**

# Alle lieferbaren Regulus-Bücher und Hörbücher

**Band I:** Das Einführungsbuch
*Des Menschen Wunsch und Gottes Wille*
296 Seiten | ISBN: 978-3-937883-91-5
Hörbuch: ISBN: 978-3-96442-025-1

**Band II:** Das Buch zum Thema Angst
*Um Gottes willen und um deinetwegen*
208 Seiten | ISBN: 978-3-937883-93-9
Hörbuch: ISBN: 978-3-96442-031-2

**Band III:** Das Erleuchtungsbuch
*Des Menschen Weg und Gottes Licht*
240 Seiten | ISBN: 978-3-937883-97-7

**Band IV:** Das Buch über die Liebe
*Das Wesen Gottes und die Natur der Liebe*
272 Seiten | ISBN: 978-3-96442-001-5

**Band V:** Das Buch über die Welt
*Des Lebens Gunst und Gottes Gaben*
200 Seiten | ISBN: 978-3-96442-008-4

**Band VI:** Das Buch über das Leben
*Des Menschen Ruf und Gottes Antwort*
240 Seiten | ISBN: 978-3-96442-030-5

**Band VII:** Das Buch vom Glück
*Solang Dich Gottes Liebe trägt*
224 Seiten | ISBN: 978-3-96442-033-6